段階別でわかる！

発達が気になる子の やる気を引きだす指導法

応用行動分析（ABA）にもとづく 適応行動の身につけ方

小笠原 恵 編著

中央法規

はじめに

　ある日、電車に乗ったら、目の前に1歳くらいの男の子を膝の上にだっこした若いお母さんが座っていました。男の子は、お母さんに車の絵本を読んでもらっています。「救急車は？」とお母さんに聞かれた男の子は、本のなかの救急車の写真を指さします。すかさずお母さんが、「そうだね」とニコニコしながら、男の子の頭を優しくなでました。男の子もお母さんの顔を振り返って見ながら、ニコニコしています。しばらくすると、本に飽きてしまったのか、男の子がぐずりだしました。顔が半べそです。お母さんは、すかさずかばんの中からおせんべいを出します。男の子は、またニコニコ顔に戻りました。

　この男の子にとって、お母さんの「そうだね」も笑顔も頭をなでてくれることもおせんべいも "強化子" です。私たちの生活のなかでは、たくさんの強化子があふれています。そして、その使い方次第で、指さし行動ではなく、ぐずり行動を増やすこともあります。本書は、どう使っていけば、強化子によって子どもの成長を伸ばすことができるのか、間違えてしまいそうなところをクイズ形式で説明しています。クイズを解きながら、「あっ、これ、私もやっているな」と振り返ったり、「こうすればいいんだ」と適切な方法をつかんでいただければ何よりです。

　中央法規出版の三井民雄さんから、『子ども一人ひとり違う「強化子」をもっていて、それを探し出し、働きかけることの大切さを痛感しました』とメールをいただいたことが、本書執筆のきっかけとなりました。また、マスリラさんにイラストを描いていただくのは、これで3作目です。今回も「まさに、そうそう」と状況のイメージを賦活するイラストをいただきました。お二人に心より感謝申し上げます。

　さあ、この「はじめに」を書いたら、今日の私の仕事はおしまいです。おいしいビールを買って帰ろう。何よりの強化子です‼

2016年2月

小笠原 恵

目　次

はじめに

第1章

その行動が起こるわけ
行動と強化の関係

1. どうしたらやる気が起きるのか？── 生得的な強化子・習得的な強化子 ……… 2

2. 何を求めて行動するのか？── 付加的強化随伴性・自動強化 ………………… 3

3. 自分の行動は何を変えるのか？── 行動と強化の深い関係 ………………… 5

4. 暴言を言わせ続けてしまうわけ── 強化のタイプ ………………………… 6

5. 自ら勉強するようになるわけ── 課題内在型強化 ……………………… 7

6. マラソンを続けられるわけ── 自己強化 ……………………………… 10

7. いつもの水をよりおいしく感じるわけ── 強化子の価値 ………………… 11

8. 目標に向かい、努力を続けるには？── 効果的な強化子の使い方 ………… 12

第2章

Q&Aで学ぶ
学校・家庭で身につく適応行動のステップアップ

生活習慣

1. お手伝いの習慣を身につけるためには ……………………………… 18
　　⇒お手伝いが続けられるご褒美の適度な量とタイミング
　　■ 特別支援学校に通う高等部1年生・知的障害を伴う自閉症・りょうた君のケース

トイレ・排泄

2. 自分でできるようにトイレを覚えてもらうには ……………………… 28
　　⇒シールやスタンプを用いて「やる気」を無理なく引きだす
　　■ 保育園に通う3歳児・ひろ君のケース

練習・トレーニング

3. 才能はあるのに繰り返し練習を嫌がるときは…………………………… 38
　　⇒すでにできているところから始め、褒める機会を増やす
　　■ 普通級に通う中学3年生・アスペルガー症候群・しずかちゃんのケース

苦手な科目

4. 苦手な教科の授業に取り組んでもらうには ……………………………… 46
　　⇒遊びやゲーム感覚を取り入れ、少しずつ好きな活動にしていく
　　■ 特別支援学級に通う小学３年生・知的障害・しゅん君のケース

勉強・宿題

5. 家で勉強や宿題に取り組むためには ……………………………………… 54
　　⇒自分から勉強をするために、自分でご褒美を決める
　　■ 普通級に通う小学４年生・かずゆき君のケース

仕事・就労

6. 割り当てられた仕事をちゃんとこなすには ……………………………… 62
　　⇒仕事の効率を上げるために、休憩の取り方を工夫する
　　■ 特別支援学校を卒業し特例子会社に就職（18歳）・知的障害・ゆきさんのケース

大声で騒ぐ

7. 家の中で大声を出したり、走り回って遊ぶのを止めさせるには ………… 72
　　⇒家事の役割を与えるなど家での過ごし方を変えていく
　　■ 特別支援学級に通う小学１年生・しょう君のケース

嫌なことへの対処

8. 嫌なこと、不快なことへの対処法を身につけるためには ………………… 80
　　⇒代わりとなる適応行動を身につけ、自ら対処できるように
　　■ 特別支援学校に通う小学３年生・知的障害を伴う自閉症・ふみちゃんのケース

自立

9. 指導すればするほど、ますます抵抗が強くなる場合には ………………… 90
　　⇒望ましくない行動に振り回されず自らやってみようを育てる
　　■ 障害児通園施設に通う５歳児・右手に軽い麻痺・りょうが君のケース

お手伝い

10. 失敗を避けようとする完璧主義者には …………………………………… 98
　　⇒つまずいているところを見極め、スモールステップで
　　■ 特別支援学級に通う中学１年生・アスペルガー症候群・いちた君のケース

目　次

片づけ

11. 自分の持ち物を全く片づけられない場合には………………………………… 106
　　⇒できる方法を自分で選んで、できた達成感を積み重ねる
　　■ 普通級に通う小学１年生・きすけ君のケース

通学・登校

12. 学校に行くのを嫌がるようになった場合には………………………………… 114
　　⇒嫌な経験を払拭するために、好きなことを取り入れる
　　■ 普通級に通う小学２年生・あつし君のケース

食事

13. 食事で好きなものしか食べないときには ……………………………………… 124
　　⇒環境を整え、同じ食べ物でも得られる満足感を高める
　　■ 保育園に通う４歳児・けいいち君のケース

こだわり

14. 学校で１人の先生にくっつき離れない場合には ……………………………… 132
　　⇒先生以外の「好き」をたくさんつくっていく
　　■ 特別支援学校に通う小学１年生・知的障害・あきなちゃんのケース

コミュニケーション

15. 人前で話をすることができない場合には ……………………………………… 142
　　⇒活動を促しながら、不快な刺激に少しずつ慣れていく
　　■ 特別支援学級に通う小学２年生・知的障害・ゆかちゃんのケース

索引
著者一覧

第1章 その行動が起こるわけ
行動と強化の関係

どうしたらやる気が起きるのか？
生得的な強化子・習得的な強化子

　きょうかさんは、ほとほと困り、疲れ果てていました。きょうかさんには、2人の子どもがいます。中学2年生のたいち君と、小学5年生のかりんちゃんです。きょうかさんの頭を悩ませているのは、中学2年生の息子、たいち君の言動でした。

　反抗期まっただなかのたいち君は、特に母親であるきょうかさんのひとことひとことに暴言を返してきます。今朝も出かけるときに、「忘れ物はない？」と当たり前の言葉をかけると、「うるせー、黙ってろ、ばばぁ」と言って、力いっぱいドアを閉めて出ていきました。その拍子に、玄関先に飾ってあった花瓶が棚から落ちて割れてしまいました。たいち君の乱暴な言葉と、大切な花瓶が割れてしまったショックで、ダイニングテーブルで座り込んだまま動けなくなって、ため息をついているきょうかさんでした。

　気がつくと、たいち君が学校に出かけてからすでに30分。朝食の後片づけや玄関の割れた花瓶や散乱した花がそのままの状態です。片づけに取りかかるのに、なかなか気力がわかないきょうかさん。「よし、片づけたら、昨日パパが買ってきてくれたケーキを食べよう」と声に出して、立ち上がりました。手早く片づけを済ませて、コーヒーを入れてケーキタイムを過ごしたきょうかさん。少し、気分が和らいだようです。

　ちょっとがんばらないと取りかかれないようなことを行う際に、きょうかさんのように、行動の後にお楽しみを設定することはよくあることです。この「お楽しみ」人によっていろいろなものが考えられます。きょうかさんのように、おいしい食べ物をお楽しみとして設定するとやる気が出てくる人もいれば、ジムに行って身体を動かしたり、ガーデニングをお楽しみに設定するとやる気が出る人もいます。

　このように、行動の後に設定することによって、行動が起こりやすくなるお楽しみのことを**強化子**といいます。また、今朝のきょうかさんのように、なかなか行動が起きにくいときに、強化子を呈示することによって、その行動が起こる確率（**生起確率**）を高める操作のことを**強化**といいます。

　強化子には、いくつかの種類があります（本章では、複数のタイプの強化子について紹介しています。15ページに、それぞれのタイプについてフローチャートで示しました）。

食べ物や飲み物、睡眠といった人の生命維持に影響を与えるものを**1次性強化子**といいます。1次性強化子は、過去に何らかの経験をもたなくても強化子としてはたらきます。ですから、**生得的な強化子**という呼ばれ方をすることもあります。

　一方で、はじめは強化子としての機能をもたないものの、生活経験において1次性強化子と対呈示されることによって、強化子としてのはたらきをもつようになったものを**2次性強化子**といいます。生得的に対して、**習得的な強化子**です。2次性強化子には、その人の興味や関心、好みが反映されるため、**条件性強化子**と呼ばれることもあります。ジムに行って身体を動かしたり、ガーデニングを行うといったことは、2次性強化子にあたります。ほかにも、2次性強化子にはさまざまな特徴を備えたものが含まれます。その種類については、この後、きょうかさんとたいち君たちの話のなかで紹介していきます。

何を求めて行動するのか？
付加的強化随伴性・自動強化

　1日のはじまりはあまりよくなかったものの、ケーキタイムの後に、毎日行う家事を手早く済ませたきょうかさんは、友だちと近所のレストランでランチタイムを楽しみ、スーパーで夕食のおかずを買って家に帰ってきました。3時過ぎ、妹のかりんちゃんが「ただいまー」と元気に帰ってきました。きょうかさんは、かりんちゃんにもおやつにケーキを出して、ちょっと一息。かりんちゃんが「今日の夕ご飯は何？」と聞きました。「今日はね、ハンバーグにしようと思って…」そう答えて、きょうかさんは材料の確認に立ち上がりました。そこで、家にあると思って買ってこなかった玉ねぎがきれていることに気がつきました。そして、かりんちゃんに「あー、玉ねぎがなかった。かりん、悪いけど、おやつを食べたら、玉ねぎを買ってきてくれる？」と頼みました。ところが、「えー、宿題があるし、終わったら、読みかけの本を読みたかったのに」と、かりんちゃんは乗り気ではない様子。仕方がないので、きょうかさんは「お兄ちゃんがもうそろそろ帰ってくるから、家にいたいのよ。じゃあ、おつり、そのままあげるから。お願い！」と1000円札を出しました。それを見たかりんちゃんは「おつり、もらっていいの？　じゃ、行ってこよう」と意気揚々と出かけていきました。

　かりんちゃんが出かけてしばらくすると、たいち君が帰ってきました。「腹へったー。何か、食べる物ない？」と、朝の暴言はなかったかのように、きょうかさんに話しかけてきました。「パパが昨日買ってきたケーキがあるけど」「あっ、それでいい」と言うたいち君に、きょうかさんはケーキを出しました。

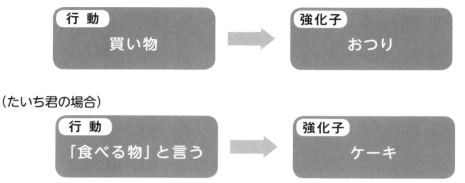

　かりんちゃんは買い物に行くことでおつりをもらうことができました。一方で、たいち君は「食べる物」と言うことによって、きょうかさんからケーキ（食べる物）をもらうことができました。ふたりの行動は、いずれも強化子を求めて起こっていますが、これらの強化子には、2つの違いがあります。

　1つは、前述のように、「ケーキ」という1次性強化子と「お金」という2次性強化子の違いです。ちなみに、お金のように多種類の行動にはたらく強化子を**般性強化子**といいます。般性強化子には、褒め言葉や笑顔といった、いわゆる**社会性強化子**とお金のように集めることによって何か価値のあるものと交換できる強化子があります。前者の社会性強化子とは、人とのかかわりが強化子として機能するものをいいます。後者の般性強化子には、お金のほかに、お店のスタンプやポイントなどがあります。

　般性強化子は手軽に用いることができるため、行動の流れを止めることなく、強化することができます。また、食べ物や活動のような強化子は呈示され続けると、満腹や疲労により、その効果が発揮できなくなったり、飽きてしまうこともありますが、般性強化子は**飽和化**の影響を受けにくいため、長期間使い続けることができます。嗜好の個人差に影響されにくいのも、般性強化子の特徴の1つです。

　さて、かりんちゃんの買い物とたいち君の「食べる物」という言葉に対する強化子のもう1つの違いに話を戻します。それは、行動が強化子を特定するか否かという点です。かりんちゃんの場合、買い物という行動に対する強化子は、必ずしも「おつり」でなくてもいいはずです。かりんちゃんにとって魅力的なものであればいいのです。しかし、たいち君の場合、お母さんに「食べる物」と言ったときに、食べ物以外の物が出てきたら、また、朝のようにきょうかさんに向かって暴言を吐きそうですよね。このように、行動によって特定された強化子が呈示される場合、その強化子は行動に対して**機能的**です。行動が強化子を特定しない場合には、かりんちゃんのように、付加される強化子が行動に見合ったものであれば、行動が維持されます。おつりが10円だったら、かりんちゃん

は買い物に行かなかったかもしれません。

　言葉以外に強化子を特定する行動もあります。たとえば、私たちは手を洗いたいときに、水道の蛇口をひねります。この行動は、水が出るという強化子によって維持されています。同じように、テレビを見たいときには、リモコンのスイッチを押します。そうすると、見たい番組が映し出されます。これがリモコンのスイッチを押す行動の強化子です。これらは、他の人々によって強化子を呈示されずに起こる行動です。こうした、他者の介在を必要としない強化を**自動強化**と呼びます。反対に、他者の介在を必要とする強化を**付加的強化随伴性**と呼びます。

③ 自分の行動は何を変えるのか？
行動と強化の深い関係

　そもそも、たいち君は、なぜきょうかさんに「食べる物」と言ったのでしょう？　朝、乱暴に出ていったことから、なんとなく拍子が悪くて、きょうかさんにどう話しかけたらいいのかわからなかったからでしょうか？　しかし、たいち君のこうした暴言や乱暴な態度は、ここのところ毎日繰り返されていますので、きょうかさんに対して、今日に限ってそんな殊勝な態度をとるというのは考えにくいです。となると、その前の「腹へった」というたいち君の言葉通り、「空腹」な状態を何とかしたいから食べ物を要求した可能性が高くなってきます。

　これまでは、行動と強化子、あるいは行動と強化の関係をみてきましたが、行動が起こるためには、何らかのきっかけがあります。そして、行動を起こすことによって、そのきっかけとなった状況に変化が生まれたとき、行動とその状況は**随伴関係**にあるといいます。先ほど例に挙げた、テレビのリモコンの場合は、次のようになります。

たいち君の場合は、お母さんに「食べる物」と言うことによって、その前の空腹状態が解消されました。また、テレビのリモコンの場合、スイッチを押すことによって、映っていなかったみたいテレビ番組が映し出されます。随伴関係がいったん成立すると、同じような状況では行動の生起が予測されます。

4 暴言を言わせ続けてしまうわけ
強化のタイプ

おやつを食べた後、テレビの前でごろんと横になって、好きなアニメを見ているたいち君。そろそろ、家庭教師のアベ先生が来る時間になります。期末テストが1週間後に迫っているため、アベ先生は前回「宿題を出しました」と言っていました。きょうかさんは、ごろごろしているたいち君に向かって「ねえ、もうそろそろ、アベ先生がみえる時間よ。宿題はやったの？　この前…」と声をかけました。そうすると、きょうかさんの言葉が終わらないうちに、たいち君はさっと立ち上がり、きょうかさんに向かって「うるせーって言っているんだよ。だ・ま・れ!!」と言い放ち、ものすごい音を立てて階段をのぼり、自分の部屋のドアを、これまたすごい音を立てて閉めてしまいました。きょうかさんは、その場に立ちすくむしかありません。

しばらくすると、玄関のチャイムを鳴らす音がしました。アベ先生です。気を取り直したきょうかさんは、少し元気のない笑顔を作って、アベ先生を迎えました。そうすると、アベ先生はあいさつをした後、「この前いただいた、肉じゃが、本当においしかったです。ご馳走様でした」と、満面の笑みで頭を下げました。きょうかさんも、「また、つくりますね」とうれしそうです。

アベ先生はたいち君の部屋に上がり、勉強が始まった様子です。きょうかさんは、「今日は、ハンバーグ、多めにつくろう」とつぶやき、夕食の支度にかかりました。

アベ先生との契約条件には、夕食のおかずをつくるということが入っているわけではありません。きょうかさんが、一人暮らしのアベ先生に夕食のおかずをいつもつくって渡す行動は、アベ先生からの「おいしかったです」と言う言葉と満面の笑みが、強化子としてはたらいているからです。少し理屈っぽいですが、夕食のおかずをつくる前には、

アベ先生は満面の笑みをきょうかさんに向けながら「おいしかったです」と言うことはありませんでした。きょうかさんの「夕食のおかずをつくる」という行動は、それまでなかったアベ先生の言葉と満面の笑みを引き出したことになります。

このように、それまでその状況になかった事柄や物が、行動によって出現したり呈示されるような強化の方法を、**正の強化**といいます。

一方で、たいち君のきょうかさんに対する暴言は、なぜ続いているのでしょうか？たいち君のこの行動が続いているということは、行動に対して何らかの強化がなされているということです。これを、図示すると以下のようになります。

たいち君の暴言は、それまでのお母さんの小言を黙らせる効果があります。このように、これまでその状況にあった事柄や物が行動によって消失するような強化の方法を、**負の強化**といいます。

きょうかさんは意識しないうちに、自らたいち君の暴言を強化し続けていることになります。では、暴言を吐かれても黙らずに小言を続ければ（強化をしなければ）暴言はなくなるのでしょうか？　たいていはそうならず、さらに激しい行動が起こってきます。さて、どうしたらいいでしょう？

自ら勉強するようになるわけ
課題内在型強化

2時間の勉強を終えて、アベ先生がリビングに降りてきました。勉強の後、アベ先生はいつも、きょうかさんとお茶を飲んで少しおしゃべりをしてから帰ります。

「今日は、数学と英語を1時間ずつやりました。たいち君は、これまでのテストでどうも数学の文章題を最初からあきらめてやらなかったようです」と、アベ先生が話を始めました。きょうかさんは、「あら、そうでしたか」と心配な様子です。「少しずつ、文章題を解くためのコツを勉強しているところです。たいち君、僕が宿題に出した5問の文章題のうちのいくつかを解いてから夕食に降りてくるって言っていましたよ」アベ先生はそう報告すると、きょうかさんがつくったハンバーグをもらって、「また、明後日来ますね」と帰っていきました。

しばらくするとお父さんも帰ってきました。夕食の時間です。アベ先生の問題を解いていたたいち君も、きょうかさんの「ご飯よー」の声に、珍しくニコニコしながら、降りてきました。「アベ先生から出された問題、3問、解き終わった」とうれしそうです。そして、ご飯を食べ終わると、「あと2問やっちゃおう」と言いながら、自分の部屋に戻っていきました。きょうかさんは、お父さんと顔を見合わせました。いつもだったら、「勉強」とひとこと言っただけで、たいち君から暴言が飛び出すはずなのに、自ら「やろう」と立ち上がっていったたいち君が、あまりにも不可解だったからです。アベ先生が何か、魔法をかけたのでしょうか？

　アベ先生は、たいち君がコツをつかめば、解けるような問題を5問出していきました。この問題をやっておく約束はしたはずですが、問題を解いたからといって、特別な強化子が呈示されるようなことはしていません。

　翌々日。アベ先生がやってきました。きょうかさんは、さっそくアベ先生に「おととい先生が帰った後に、たいちは自分から勉強を始めたんですよ。先生、何か魔法をかけたのですか？」と、質問しました。アベ先生は笑いながら、「魔法なんてかけていないですよ。多分、たいち君は、問題を解くコツがわかったので、文章題を解くこと自体がおもしろくなったんでしょう」と答えました。

　中高生の子どもたちに「なぜ勉強するの？」と聞いてみると、
①良い成績をとりたいから。希望する学校に入りたいから。家族や友達、先生から褒めてもらいたいから
②他の人から注目してもらいたいから、目立ちたいから
③「勉強やりなさい」と言われたくないから
④勉強自体が面白いから
といった答えが返ってくるでしょう。①は、高得点という結果やそれに伴う名誉、賞賛の言葉やご褒美の物など、何かを獲得するため、といった理由です。②も獲得するためですが、ほかの人からの注目に限定しています。③については、いやなことから逃れたいといった理由です。④は、先述した自動強化にあたります。

　勉強に限らず、人が行動を起こす理由は、この4種類に分けられます。しかし、「〇〇さんのこの行動は、①の理由である」といったように、明確に単一の理由である場合だ

けではなく、複数の理由が絡み合っていたり、同じ行動でも場面によって、違う理由から生じていることがよくあります。

　4種類の行動の理由には、違いがあります。①から③までは、人に対する要求です。ですからこれらの理由から起こってくる行動に対しては、人からの強化子が呈示されなければ、維持されません。つまり、付加的強化随伴性により生起する行動です。反対に、④は人からの強化子を要求するものではありません。ですから、自動強化なわけですが、先に挙げた、水道の蛇口をひねる行動に対して水が出るという状況では、行動に対してわずかな時間的な経過があって強化子が呈示されます。それに対して、この④「勉強自体が面白いから」ということは、行動＝強化子ということになります。行動の後、強化子の呈示までに時間経過はありません。同時です。

　このように、行動そのものが強化子としてはたらくものを**行動（あるいは課題）内在型強化子**と呼びます。たとえば、「読書が好き」とか「体を動かすことが好き」といったように、**活動性**の強化子もあれば、**自己刺激行動**と呼ばれる感覚的な刺激が強化子となっているものもあります。

　たいち君は、まさに数学の問題を解くこと自体におもしろさを見出したようです。

　今日も勉強を終えたアベ先生が、きょうかさんと話し始めました。「今日は、英語の長文読解をやってきました。こっちもおとといの数学と一緒です。たいち君は、最初から解けない、と読まずにいたようです」。きょうかさんは、「めんどうくさいことから逃げてしまうんですね。きっと国語の記述問題なんかも同じですよね」と、ため息をつきました。そして、「たいちに、今度のテストで1問でも文章題や記述や長文読解が解けたら、ほしい物でも買ってあげる約束をしようかしら」とつぶやきました。それを聞いたアベ先生は「あ、それは、やめた方がいいかもしれませんよ」ときょうかさんのつぶやきを否定しました。「でも、先生がせっかくコツを教えてくれてやる気になっているところなので、ほしい物を買ってあげると言ったら、がぜん張り切るんじゃないでしょうか？」ときょうかさんは腑に落ちない顔つきです。「だからです。本人が問題を解くこと自体が楽しくなっていますから、そこにご褒美をつけてしまうと、せっかくのやる気が下がってしまいます。お母さんは、いつも僕に夕食のおかずをつくってくださいますよね。それに対して、「お金を払います」と僕が言ったら、「そんなつもりではないのに」ってあまり良い気持ちにはならないでしょう。それと同じようなもんですよ」

　このように、行動内在型強化子となっている行動をさらに強化することによって、行動の生起頻度を下げてしまうことを**アンダーマイニング**といいます。行動の生起頻度を上げることに強力な効果のある強化子だとしても、その行動の生起状況を見極めないと、逆効果になってしまいます。

マラソンを続けられるわけ
自己強化

　きょうかさんは、アベ先生のアドバイスに従って、たいち君にテストの解答状況次第でほしい物を買ってあげる、という提案をすることはやめました。でも、せっかくがんばりはじめたたいち君に、お楽しみを作ってあげたいな、と悩むきょうかさんです。

　夕食時、お父さんが「夏休みに、2泊3日で海に行こうか。会社の同僚が、いいホテルを紹介してくれたんだ」と提案しました。かりんちゃんが「えー、どこ？」とさっそくのってきました。「○○ホテルだよ。海のすぐ裏にあるんだって」「それって、超高級ホテルだよ」のかりんちゃんの言葉に、いつもは何もしゃべらずにご飯を食べているたいち君も「おっ、すげー」と良い反応です。夏休みの家族旅行が決定しました。たいち君も「俺、テストがんばろう」とつぶやいています。テスト明けにたいち君に何かお楽しみを、と思っていたきょうかさんの悩みも解決です。……ところが、「海ってことは水着？　えー、ダイエットしなくちゃ」ときょうかさんには新たな悩みが勃発です。

　翌朝から、早起きをしてジョギングを始める決心をしたきょうかさんですが、生まれてはじめてのジョギング。ちょっと不安で、かりんちゃんを誘いました。「えー、私、ダイエット必要ないし。早起き、やだなー」とかりんちゃんには断られそうです。「じゃ、お母さんが目標体重になったら、かりんにも新しい水着を買ってあげるから」「にも、ってお母さんも買うつもり？」「お母さん、水着なんて持っていないもの」

　自分の行動に対して、自分で決めた強化子を付与することを**自己強化**といいます。本章の最初で記したきょうかさんが片づけが終わったらケーキを食べよう、と決めて片づけを始めたことも、この自己強化にあたります。頑張った自分にご褒美をあげる手続きです。自己強化は、これまでの他者から与えられる強化と違い、自分でコントロールする手続きです。**セルフマネジメント（自己管理）技法**といい、自己強化もその中の1つです。他者の介在を必要としないために、生活のさまざまな場面で活用することができます。ただし、強化の基準を明確に決めて、守っていかないとその効果は低いものになってしまいます。

いつもの水をよりおいしく感じるわけ
強化子の価値

　さて、翌朝。いつもより早く起きたきょうかさんは、かりんちゃんを起こして、ゆっくりと30分間走ることができました。文句を言っていたわりに、かりんちゃんは余裕です。しかし、きょうかさんは、久しぶりの運動に息も切れギレ。飲み物を持ってこなかったせいで、途中から喉が渇いて仕方がなかったようです。

　ジョギングを終えて家に入るなり、きょうかさんは一直線に台所へ。水をコップに入れて、一気に飲み干しました。そして、「ああ、おいしい！」とつぶやき、もう1杯コップに水をくみました。

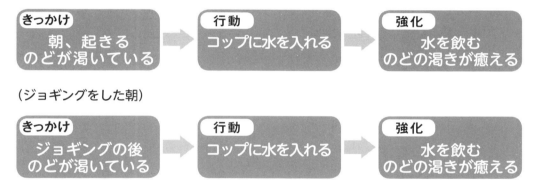

　これまでも朝起きると、コップ1杯の水を飲んでいたきょうかさん。ジョギングの後は、同じ行動に伴う同じ強化子でもその価値が違うようです。このように、強化子の価値を変える操作を**確立操作**といいます。確立操作には、いくつかの方法があります。そのなかのひとつは、きょうかさんの場合と同様、一定期間強化子の取得を**遮断**する方法です。のどが渇いているときほど、水がおいしく感じられますし、空腹なときには、何を食べてもおいしいですよね。もう一つは、遮断とは逆で、一定期間連続して強化子を呈示し続けることによって、**飽和化**を図る手続きです。おなかがいっぱいのときには、好きなものを提供されても、すぐに食べたいとは思いません。

　しかし、強化子の価値（**強化価**）は、1000円くらいとか10回くらいといったように、数値に表わすことはできません。数値に表わすことができないので、強化価は直接比較できません。確立操作によって強化価が上がったかどうかは、同じ強化子が随伴される状況で、生起する行動の頻度を比較することで判断します。先のきょうかさんの場合、ジョギングをしない日はコップに水を入れるのは1回だけしか起こりませんが、ジョギング

をした日は、2回以上起こります。このことから、一定時間水を飲まずにジョギングをすることは、水を飲んで喉の渇きが癒えるという強化子の価値を高める確立操作だといえます。

目標に向かい、努力を続けるには？
効果的な強化子の使い方

　さて、順調にジョギングを続けるきょうかさんですが、思うように体重は落ちていきません。1週間ほどたった小雨が降っている朝、いつもの時間に目が覚めたきょうかさんですが、雨の様子を見て、ついジョギングをさぼってしまいました。「雨に濡れて、風邪をひいたらいけないし」「昨日遅かったから少し眠いし」「パパも今日は早く出かけるって言っていたから、ご飯の支度も急がなくちゃ」と自分にいいわけです。

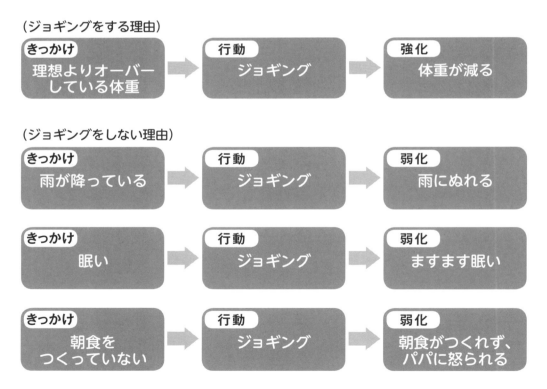

　ジョギングをすれば、体重が減って、水着を買うことができるはずです。しかし、そうそう簡単にはこの強化子は得られないようです。反対に眠い今朝は、ジョギングをすることによって、雨に濡れてしまう、あるいは朝食を早くつくれずにお父さんに怒られるという嫌なことが起こることが予想されます。眠い状態も継続します。このように、

嫌なことが起こったり継続するために行動を起こさないような場合、その行動は**弱化**されているといいます。

日々の生活においては、私たちはこれをやると将来的に強化子が獲得できることはわかっているけれど、目の前にある嫌なことは避けたい、あるいは目の前にあるもっと素敵な強化子をすぐに獲得したいという葛藤を起こすことはよくあります。たとえば、勉強をすればテストでいい成績が取れたり、周りから尊敬のまなざしで見られて、志望校に合格するけれど、今やっているテレビ番組をどうしても見たい、といったような場合です。

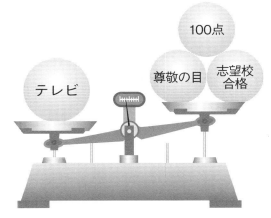

てんびんの法則（奥田、2012）

行動に伴う強化子の魅力の比較をしながら、どう行動するのか選択したり、強化による魅力と弱化の嫌悪性を比較して、今、行動するのかしないのかを選択します。きょうかさんの場合には、この日は、どうやら弱化の嫌悪性が強化子の魅力にまさってしまったようです。

強化子を呈示する最も効果的なタイミングを**60秒ルール**という言葉で表します。これは、行動が生起して60秒以内に強化を行いなさいということではなく、できうる限り早く強化を行うほど行動が維持される効果が高いことを示しています。きょうかさんのジョギングに随伴するだろう体重が減るという強化子、そして体重が減ったことに伴う最終強化子である新しい水着は、この60秒ルールには則っていません。体重が減るまでにかなり時間がかかりますから、いくらわかっていてもジョギングをすることでただちに伴う嫌悪的な事柄に目がいってしまったのでしょう。

雨にぬれる、眠い、パパに怒られる、といった行動に対して、すぐに強化子が得られないような場合、強化子を獲得するまでの間に行動の生起を維持する工夫が必要となります。この1つは、先に紹介した般性強化子です。その場ですぐに呈示できる、スタン

プやシール、チェックマークなどを提供し、それらがたまったところで魅力的な強化子と交換する手続きを、**トークン・エコノミー・システム**といいます。また、自らの行動の記録をとっていく**自己記録**といったセルフマネジメント技法のなかの１つを用いることも効果的です。きょうかさんの場合には、走った時間、距離、その日の体重などを記録し、グラフ化すると目に見える形で、自分の行動の結果をフィードバックすることができます。

さて、テストが終わったたいち君。前回のテストより、約40点のアップでした。本人もとてもうれしそうです。お父さんにもきょうかさんにも「よく頑張ったね」と、褒められ、まんざらでもない様子です。きょうかさんのダイエットも行きつ戻りつしながら、たいち君やかりんちゃんが夏休みに入るころ、ようやく目標体重に達しました。かりんちゃんといっしょに水着も買って、さあ、海水浴に出発です。

出発の朝、キャリーバッグにボストンバッグ、ハンドバッグと、つい荷物が多くなったきょうかさんは運ぶのにとても苦労していました。そこに、「何やってんだよ」とたいち君がやってきました。「早くしないと、出発するってよ。しょうがないな」と、きょうかさんの荷物をすっと持って運んでくれました。「ありがとう」きょうかさんは、とてもうれしそうです。

本章では、さまざまな強化子のタイプを紹介し、また、その効果的な使用の一部にも触れました。強化子のあふれる生活は、誰にとっても快適なものになります。ぜひ学校や家庭で活用してみてください。

次章では、強化子の効果的な使用について、事例を挙げながら解説していきます。

●さまざまな強化子のタイプ

```
                        他者から
                        与えられる
          ┌───────────────┴───────────────┐
         YES                              NO
       付加的                          行動そのものが
     強化随伴性                        強化子となる
          │                     ┌─────────┴─────────┐
          │                    YES              YES／NO
     生得的である              自動強化              自己強化
          │                     │
    ┌─────┴─────┐           強化の                （例）
   YES         NO          遅延がない             「仕事が終わった
  1次性強化子   2次性強化子       │                 らおいしい物を
                        ┌──────┴──────┐          食べよう!!」
 （例）                 YES          NO
 食べ物・飲み物・    人との関わり                自動強化
 睡眠             そのもの
                  │      ┌────┴────┐       （例）
                  │  課題内在型  自己刺激行動    蛇口をひねると
                  │  強化子                  水が出る。ス
                  │                         イッチを押すと
                  │   （例）      （例）       電気がつく
                  │   「勉強が楽し  指の間から漏
                  │   くてたまらな  れる光を見た
                  │   い!!」      くて指をひら
                  │            ひら交互に動
          ┌───────┴───────┐      かす
         YES             NO
```

般性強化子

| 社会性強化子 | トークン | アイテム | 活動 | 名誉・特権 |

（例）
言語称賛・頭を
なでる・ハイタッ
チ・笑顔

（例）
お金・ポイント
カード

（例）
おもちゃ・アイ
ドルの写真

（例）
遊び・スポーツ・
旅行・買い物

（例）
表彰・ノーベル
賞・休み時間の
延長

第2章

Q&Aで学ぶ
学校・家庭で身につく
適応行動の
ステップアップ

第2章　Q&Aで学ぶ　学校・家庭で身につく適応行動のステップアップ

1 お手伝いの習慣を身につけるためには

お手伝いが続けられる
ご褒美の適度な量とタイミング

1-1

　りょうた君は特別支援学校高等部1年の男の子です。重度の知的障害を伴う自閉症の診断を受けています。

　りょうた君は学校から帰ってくると、ほとんどの時間を好きな本やテレビを見て過ごしていましたが、これから就労に向けた進路相談や職場体験が始まるため、お母さんは、家のなかのお手伝いをさせることにしました。初日は、お母さんがやっているゴミ集めを見せて終わりにしました。そのあと何日か一緒にやっているうちに、りょうた君も手順がわかったようで、大きい袋を用意しておけばゴミ箱を集めてゴミを袋に入れられるようになりました。

　しかし、このお手伝いを開始して2か月ほど経った夕方のこと。お母さんはいつものように大きい袋を準備して「りょうた、ゴミ集めお願いね」と伝えましたが、りょうた君はゴミ集めを始めようとしません。「これまでやってくれていたのに変ね…」と思いつつ、「どうにか毎週のゴミ集めを習慣化できないものか」と、お母さんは頭をひねりました。

Question!!

あなたがりょうた君のお母さんだったら、どのようにお手伝いを習慣化させますか？

Choices

㋐ 本やテレビを禁止して、少し厳しい表情で「お手伝いをやらないと、本やテレビは見れません！」と伝える。

㋑ 途中までやってあげてから「続きはりょうたがやってね」と伝える。

㋒ お手伝いが終わったら好きなお菓子が食べられることを伝える。

行動することで、良い結果が得られることを伝える

それまでの生活習慣にはなく、それをしても本人にとって良いことが起こりそうにない行動を新しく教えたいとき、りょうた君のようにうまくいかないことがあります。そのようなときは、**求められた行動をすると、本人にとって良い結果が得られると伝えること**が大切です。それでは「良い結果」には、どのようなものがあるのでしょうか。

ゴミ集めをすることによって得られる良い結果には、たとえば「家のなかがきれいになること」があります。しかし、これは子どもにとって漠然とした結果です。さらに、究極的な良い結果は、「将来の就労に向けた基礎的な力を養うこと」かもしれませんが、これは遠い将来の結果に由来しているので、お手伝いを習慣化させるための手立てとしては、弱い効果しかもちません。結果があいまいだったり、良い結果がすぐに得られなかったりすると、子どもの行動は持続しなくなります。行動を持続させるには、即座に得られる良い結果が必要です。

私たちが最も手軽に与えることができる良い結果として、いわゆる「ご褒美」があり、お菓子もそのひとつです。

権利の剥奪による行動の促しは NG ！

㋐のように「お手伝いしないと、〜できないよ」と伝えて行動を促すと、子どもはお手伝いを嫌悪的に捉え、「お手伝いなんてなければいいのに」と感じます。「就労に向けた基礎的な力」を養うどころか、お手伝いを避けるようになるかもしれません。

また、㋑の「途中までやってあげる」方法は、スキルの習得段階で用いたり、課題量を減らすことでやる気を起こさせる手立てです。りょうた君はすでにスキルを習得していますし、課題量が多過ぎるからお手伝いをしないのではなさそうです。

Best Answer……▶ ㋒

第2章　Q&Aで学ぶ　学校・家庭で身につく適応行動のステップアップ

> お手伝いが続けられる
> ご褒美の適度な量とタイミング

1-2

　お母さんはお菓子を用意して、お手伝いができたときにりょうた君に渡すことにしました。お母さんは、さっそくお菓子を買いに行こうとスーパーに出かけました。

Question!!

用意するお菓子の量や種類はどのように決めるといいのでしょうか？　あなたがりょうた君のお母さんだったら、スーパーでどんなお菓子を買って、ご褒美として使いますか？

Choices

- ㋐　1種類のあめ玉が1粒ずつ個装されている18粒入りを買って、1回に1粒ずつ与える。

- ㋑　数種類のチョコレートが8個ずつ袋に小分けされている物を買って、1回に1袋ずつ与える。

- ㋒　スナック菓子（大袋）を4袋買って、1回に1袋ずつ与える。

Answer

健康を害さず、それを得るためにお手伝いをがんばれる量

　子どもにとってインパクトのある良い結果を示せば、やる気を出してお手伝いに取りかかるかもしれません。しかし、お菓子を用いる場合に、それが健康に害を及ぼすほどの量ではいけません。また、**お菓子導入を開始した最初の日に与えた量が子どもにとっては基準**となるので、❷のように初回に大量のお菓子を与えてしまうと、お菓子を減らす段階で苦労します。

　かといって、❼のように少なすぎるのもよくありません。子どもはお手伝いに費やす労力と、受け取ることができるお菓子の量を天びんにかけ、後者の方に価値を見出すことができたときにお手伝いに取りかかります。

求められる行動に見合った一般的な適量

　社会の仕組みとして、労働に対しては報酬が与えられます。「一般常識的な判断」で、それぞれのお手伝いに対するお菓子の量（報酬量）を決めましょう。お手伝いに多くの労力を費やした日や、気を利かせて働くことができたときは、それに合わせてお菓子の量を増やすなど調整するのもいいでしょう。

種類を増やすことでマンネリ化を予防し、選べることの楽しみをつくりだす

　いつも同じお菓子を使うと、いずれ子どもは飽きてしまい、せっかく用意したご褒美がご褒美として機能しにくくなります。こういったマンネリ化を予防するために、お菓子は数種類から選べるようにしておくといいでしょう。自分で選べる楽しみがあると、単にお菓子を手渡されるときよりも、一層やる気を起こしやすくなります。

Best Answer……▶ ❶

第2章　Q&Aで学ぶ　学校・家庭で身につく適応行動のステップアップ

お手伝いが続けられる
ご褒美の適度な量とタイミング

1-3

　お母さんは、8個ずつ小分けされたチョコレートを購入し、お手伝い後に与える量は1回1袋と決めました。そして、手渡すときは、数種類のなかから本人に選ばせることにしました。
　次にお母さんが考えたのは、りょうた君にお菓子を渡すタイミングについてです。ゴミ集めのお手伝いは下校後の時間帯にやってもらうことにしたのですが、高等部に通うりょうた君は下校が遅くなることもあります。お母さんは、「夕食前に甘いものを食べさせるのも良くないし、ご飯の後にお菓子を渡すのでもいいかしら…」と考えているようです。

Question!!

りょうた君がお手伝いに取りかかれたら、どのタイミングでお菓子を渡してあげるといいでしょうか？　あなたがりょうた君のお母さんだったら、どのタイミングでお菓子を渡しますか？

Choices

㋐　大きい袋に集めたゴミをお母さんに手渡したら、それと交換でお菓子を与える。

㋑　ゴミ集めをする前から、お菓子が見えるように食卓に置いておく。

㋒　食後のお楽しみにして、夕食後にお菓子を与える。

| ❶-1 | ❶-2 | ❶-3 | ❶-4 |

Answer

行動が安定するまでは毎回の即時呈示が原則

　ここでは、行動に伴う良い結果としてお菓子を与えることについて取り上げていますが、重要なのはお菓子そのものではなく、お菓子（良い結果）と直前の行動との関連です。お菓子は行動を持続させるための手段のひとつに過ぎません。

　子どものある行動を持続させたいとき、**その行動が安定するまでは、良い結果が即座にいつでも必ず与えられることが望ましい**とされています。❸のように、時間をおいて良い結果を与える手立ては、行動が安定した後に用いられます。ちなみに、お菓子を与えるのを3回に1回にするなど、ご褒美がもらえる頻度を下げていくのも、行動が安定してからのほうがいいでしょう。

行動の直後に与えることで、行動と結果の関連を明確に伝える

　お菓子はお手伝いのご褒美、つまり労働の報酬として与えられるものだということをはっきり伝えるために、行動の直後にお菓子を渡すといいでしょう。お母さんから渡されるのではなく、❶のように常にお菓子が呈示されていて、自分で取りに行くようにしてしまうと、どの行動に対するご褒美なのかが不明確になります。❼のように、ゴミ集めの一連の動作のなかで、最後に行われる動作が完了したときに、渡すようにするといいでしょう。

お手伝いの時間帯を考える

　お手伝いに取り組ませる時間を工夫することも大切です。夕食でお腹いっぱいになった後では、お菓子をもらってもそれほどうれしくないかもしれません。お菓子などの食べ物の場合、ご褒美としての価値を上げるには、空腹時に渡すことができる時間帯にお手伝いに取り組むよう計画を立てるといいでしょう。

Best Answer ‥‥‥▶ ㋐

第2章　Q&Aで学ぶ　学校・家庭で身につく適応行動のステップアップ

お手伝いが続けられる
ご褒美の適度な量とタイミング

1-4

　お手伝い後にお菓子を渡すようにしてから3か月が経過し、りょうた君は忘れることなくゴミ集めをするようになりました。お母さんからの声かけがなくても、リビングに大きな袋が置かれているのを見つけると、各部屋のゴミを集めて袋に入れ、お母さんに渡すようになりました。お手伝いの後に、いくつかの種類のなかからお菓子を選べるのもうれしいようです。

　りょうた君が家のお手伝いをするようになり、お母さんもうれしく思っていましたが、内心では「いつまでもお菓子を使っていていいのかしら…」という不安もありました。お菓子がなくてもお手伝いをやってくれるようになることが、お母さんの本当の願いでした。

Question!!

お母さんは、お菓子がなくてもお手伝いができるようになってほしいと考えています。お菓子がなくても、りょうた君のお手伝いを持続させるためには、お菓子をどのように減らしていくといいのでしょうか。

Choices

ア 「次回からはお菓子なしでやってみようね」と伝えてお菓子を渡すのをきっぱりやめる。

イ その月の最終週だけお菓子がもらえることにして、「お菓子がもらえるのは最後の週だけにしよう」と伝える。

ウ お菓子の代わりに30円を渡して、貯金箱に入れさせるようにする。

| ❶-1 | ❶-2 | ❶-3 | **❶-4** |

Answer

お菓子の代わりとなるご褒美を用意する

　子どもの成長を促すためとはいえ、お菓子を使うことについては多くの人が慎重になるところです。**お菓子を使うのであれば、導入する前から長期的な計画を立てておくこと**をおすすめします。お菓子はいつまで使うのか、どうやって減らしていくかをあらかじめ考えておくといいでしょう。

　さて、お菓子を減らしていくにはどうしたらいいでしょうか。お手伝いを維持できるためには、㋐のように突然お菓子を取り去るのではなく、徐々に減らしていき、代わりとなるご褒美を導入していきます。そのときの子どものマイブームや好みの活動などが代わりのご褒美となり得ますので、普段から子どもの遊ぶ様子を観察しておくことも大切です。

　㋑は、お菓子を与える間隔をあけて、徐々に与えなくても済むように段階を踏んでいますが、これまでもらっていたお菓子がもらえなくなることに、りょうた君から文句が出る可能性もあります。㋒では、さまざまなものと交換可能な「お金」を代わりのご褒美としています。お金はそれ自体に価値はありませんが、それが自分の好きなものと交換可能だということがわかれば、その価値は絶大です（「トークン・エコノミー・システム」37 頁を参照）。

Best Answer ⋯⋯▶ ㋒

　お手伝いの後に、お菓子ではなくお金をもらうことに最初は躊躇していたりょうた君。そこでお母さんは、りょうた君と一緒に貯まったお金を持って、スーパーに買い物に行きました。お母さんから、「何でも好きなものを買っていいよ」と言われると、りょうた君は自分の好きな魚肉ソーセージを選びました。それ以来、りょうた君はお金が貯まると、お母さんと一緒に買い物に出かけるようになりました。お母さんは、「こうして働いて、お金をもらえる大人になるといいなー」とニコニコしています。

第2章　Q&Aで学ぶ　学校・家庭で身につく適応行動のステップアップ

こんなケースの場合は ??

Question!! ▶
　子どもがミニカーで遊びたいときに、その持ち主に対して「貸して」と言う行動を指導するとします。このとき、子どもが「貸して」と言えたら、お菓子を与えるといった手立ては有効でしょうか?

Answer ▶
指導したい内容の文脈にあった ご褒美の設定を考える

　子どもはミニカーを「貸して」と言っているのに、チョコレートがもらえる状況が繰り返されると、「貸して」と言うことが、子どもにとっては「チョコレートちょうだい」の意味に置き換えられて学習されるかもしれません。

　ここで注意したいことは、指導したい内容の文脈にあったご褒美を設定することです。ミニカーを「貸して」と言う行動の直後に得られる良い結果は、やはり「ミニカーを貸してもらえる」ことであるべきです。お手伝いのような労働に対してお菓子を用いることは不自然なことではありませんが、行動によっては上記のような誤学習が生じます。

ご褒美となり得るものはたくさんある

　学校教育のなかでは、お菓子の使用が認められないことが多いのが現実です。しかし、子どもにとってご褒美となり得るものは、お菓子以外にもたくさんあります。

　指導前に、対象の子どもの好みのアセスメントをしておくと、ご褒美として使用できるものがたくさんあることに気づきます。好きな感覚が満たされるおもちゃや「高い高い」などの身体遊び、また未知の物の正体がわかること、空いたスペースにパネルがぴったり収まることなどもご褒美になることがあります。

　これらのご褒美は、ときにお菓子以上の価値をもつこともあります。子どもにとってご褒美となり得るもの、そのバリエーションを豊かにもっておきたいものです。

まとめ・用語解説

1 次性強化子

● 1 次性強化子とは

その良さについてわざわざ教えなくても、強化子として用いることができるアイテムや活動を、1 次性強化子といいます。過去に特定の学習機会がなくても、水、食べ物、気持ちのいい皮膚感覚、心地いい音などの刺激は、しばしば 1 次性強化子として機能します。

1 次性強化子は、種の進化や生物が生命を維持する上で、非常に重要な役割を果たしてきたといわれています。私たちの生活のなかでは、これらの 1 次性強化子とペアで呈示されたものが、新しく強化子として機能するようになることがあります（「派生の原理」123 頁を参照）。

しかし、この 1 次性強化子はいつでもどこでも強化子として機能するわけではありません。たとえば、食べ物は、満腹の状態では強化子として機能しません。そのため、ある行動の強化子として 1 次性強化子を使用する際には、強化子の価値を高める操作（「確立操作」131 頁を参照）が必要になります。また、多くの人にとって 1 次性強化子となるものが、ある個人にとっては強化子として機能しなかったり、反対に嫌悪的な刺激として感じられたりすることもあります。

1 次性強化子は、無条件性強化子とか非学習性強化子などといわれることもあります。

●支援者からの言葉かけが強化子となるために

良い行動や望ましい行動をお菓子で強化するとき、無言でお菓子を手渡す支援者はいないでしょう。「よくがんばったね」「ありがとう」と伝えてお菓子を渡します。この言葉かけはとても大切です。なぜなら、お菓子などの 1 次性強化子と支援者からの言葉かけがペアで呈示されることで、後々、お菓子がなくても**支援者からの言葉かけが子どもにとって強化子として機能するようになる**からです。

本来、お手伝いは自分以外の人のために行う行為であり、お菓子を手に入れることを目的にしたくはありません。他者からの褒め言葉やお礼の言葉に動機づけられてお手伝いを行うようになれば、それこそ文脈に合ったご褒美となりますし、究極的な目標のひとつである「労働の楽しさ」を学習することへとつながるでしょう。

27

第2章　Q&Aで学ぶ　学校・家庭で身につく適応行動のステップアップ

自分でできるように トイレを覚えてもらうには

シールやスタンプを用いて「やる気」を無理なく引きだす

2-1

　ひろ君は3歳5か月になる元気いっぱいな男の子です。お母さんが働いているので、1歳前から少人数の子どもたちが通う保育園に通っています。

　ある日、ひろ君をお迎えに行くと、お母さんは園長先生から声をかけられました。来年、別の少し人数の多い保育園に行くことが決まっているひろ君は、そろそろおむつを外した方がいいのではないか、という話でした。「時期がくれば、自然にトイレでおしっこもうんちもできるだろう」と漠然と思っていたお母さんは、園長先生の「おむつを外す」という言葉にショックを受けました。「そういえば、1度もトイレを促したことがなかったな」と思いつつ、お母さんはどうしようかと頭をひねりました。

Question!!

あなたがひろ君のお母さんだったら、どのようにトイレに誘いますか？

Choices

㋐ ひろ君に「おしっこが出そうになったらママに教えてね」と言って、教えてくれるのを待つ。

㋑ 今、ひろ君がはまっている大好きなアニメのポスターをトイレに貼って、「トイレでアニメの主人公がひろ君がおしっこをするのを待っているからね」と伝える。

㋒ 「今日からトイレでおしっこをします。ママが声をかけたらトイレに行くんだよ」と言って、いわゆる定時排泄を試みる。

Answer

「動き出しのきっかけ」を取り入れる

　子どもにとってトイレは決して素敵な場所ではありません。狭くて、暗くて、なんとなく臭い。しかも、1人で入るところですから、トイレが怖いと思っている子どもは少なくありません。トイレに入ったことのない子に対して、トイレは怖い場所ではないということをなんとか知らせたいものです。

　そのために、その子の大好きなものをトイレに置いてみるのはいい方法です。できれば、トイレに行かなければ見ることも触ることもできないものがいいです。**大好きなもの目当てに、自分からトイレのドアを開けるようになれば、1つハードルを越えたといえる**でしょう。「行ってみようかな」「やってみようかな」と思えるよう、子どものやる気をアップさせるためには、いろいろな方法がありますが、このように動き出しのきっかけに好きなものを取り入れるのもひとつの手です。

子どもを無理やりトイレに連れて行くのは NG ！

　アについては、もしそれができていたら、それこそお母さんの思惑通りに、今ごろ自然にトイレでおしっこができるようになっているはずです。待っているだけでは、いつまでたっても子どもから教えてはくれないでしょう。

　一見すると、**イ**はとてもいい方法です。それに、多くの保護者や保育士さんが行う方法です。**イ**がうまくいくには、子どもの排尿の間隔を正確につかんでおくことが必要です。ですから、ある程度その間隔が一定になることが必要です。そうでなければ、トイレの時間の前に水分を多くとらせるなどして、意図的にトイレに行きたい状況をつくります。無理やり連れて行くと、トイレに行くことに恐怖を感じてしまいますので、誘い方には工夫が必要です。

　また、**ウ**の定時排泄では大人からの誘いかけによって、子どもがトイレに連れて行かれることになります。**ですから、定時排泄が確立されたあと、自らトイレに行けるかどうか、声をかけるのを待って確かめることが必要**となります。

Best Answer ……▶ **ウ**

第2章　Q&Aで学ぶ　学校・家庭で身につく適応行動のステップアップ

> シールやスタンプを用いて
> 「やる気」を無理なく引きだす

❷−2

お母さんの作戦が功を奏して、ひろ君はトイレをのぞき始めました。ときには、中に1人で入って、ニコニコしながらアニメの主人公を眺めています。次は、便座に座っておしっこすることが目標です。

Question!!

ひろ君は、どうしたら便座に座っておしっこをすることができるでしょうか？

Choices

㋐ ひろ君がトイレに入った時に、お母さんが抱っこして便座に座らせ、一定時間、かけ声をかける。ただし、一定時間が過ぎたら、排尿できてもできなくても「がんばったね」と声をかけて便座からおろす。

㋑ ひろ君がトイレに入った時に、お母さんが抱っこして便座に座らせ、排尿ができるまで座らせる。

㋒ 「トイレでおしっこができたらこれにシールを貼ろう」とリングで留めた単語カードを見せる。「3つシールが貼れたら、ママと一緒に何かひろ君のほしいものを一つ、スーパーに買いに行こうね。何がいい？」と聞き、ひろ君が決めたサイコロキャラメルのイラストを4枚目のカードに描いて、トイレの目立つところに下げておく。

Answer

楽しみを加えて、本人の「したい」気持ちを育てる

何より❺は、子どもと楽しみながらできます。シールをためることも、どんどん素敵なものを手に入れられる日が近づいてくることもわくわくします。シールも大好きなアニメの主人公にすると、さらに、シールを貼ること自体、楽しくなります。このように、トイレに行っておしっこができたことに楽しみを加えてあげると、自らトイレで何とかおしっこをしようという気持ちを育てることになります。

2歳を過ぎるころから、多くの子どもたちは**おしっこやうんちがたまる感覚を感じたり我慢する、いわゆるコントロールする力**がつきますが、この感覚が育っていない子どもの場合には、❺の方法は成功しません。おしっこをしたいときに、もじもじしたり、おむつに触ったりするしぐさがみられる子どもは、だいたいこのコントロールする力が育っているといえます。

まだこうした力が育っていなければ、時期をもう少し待ったり、水分や食事を工夫することが必要かもしれません。さらに、年長になってもこうしたしぐさがみられなければ、脳の部分で尿意の信号を受け取れないのかもしれませんから、病院で相談することも必要です。

「おしっこが出るまでとにかく待つ」はNG！

❼は、一定時間座っていることだけでほめてもらえるので、おしっこをそこでしなければいけないことにつながりにくいやり方です。なかなか、❺のやり方でシールがたまらない場合には、この❼に戻り、偶然おしっこができたら❺の方法に変えていくとうまくいきます。

❶は、母子ともにストレスがたまってしまいます。今まで、まったくトイレでおしっこができていないのに、子どもに求める目標が高すぎてしまうからです。おしっこが出るまで2人がにらめっこのような状態になってしまいます。あるいは、いつも忙しいママが、おしっこをするまで自分と向き合ってくれることがうれしくて仕方ない子の場合、意地でもおしっこをしないでしょう。

Best Answer……▶ ❺

第2章 Q&Aで学ぶ　学校・家庭で身につく適応行動のステップアップ

> シールやスタンプを用いて
> 「やる気」を無理なく引きだす

2-3

　3日くらいすると、1回目の目標であった3枚のシールがたまりました。ひろ君はお母さんにスーパーでお約束のサイコロキャラメルを買ってもらいました。「今度は、ラムネにしようかな」とうれしそうです。そこで、お母さんは、「今度はシールを4枚ためようね」と言って、5枚目のカードにラムネの絵をかきました。こうして、徐々に必要なシールの枚数を増やしていきました。

　必要なシールが6枚になったころのことです。保育園から帰ってきたひろ君が、ぴょんぴょん飛び跳ねながら「保育園でおしっこできたよ。シール貼っていいでしょ」とうれしそうに言いました。お母さんは、その姿を見ながらニコニコしながら「エラかったね」と声をかけました。

Question!!

あなたがひろ君のお母さんだったら、この場合シールを貼っていいことにしますか？

Choices

㋐　「今回だけね」と言って、貼っていいことにする。そのあと、「今度からはお母さんと一緒の時におしっこができたらシールを貼っていいことにしようね」と約束し直す。

㋑　おしっこができればいいので、シールを貼っていいことにする。

㋒　本当にできたかどうか確かめなければわからないので、シールを貼ってはいけないことにする。

Answer

ルールづくりは、子どもとの「契約」

　本来であれば、最初にひろ君とシールをいつ貼るのか、明確に決めておかなければいけませんでした。いわゆる子どもとの契約です。子どもは、シールやそれに伴うお菓子などを手に入れたいという気持ちが強ければ強いほど、何とかそれを手に入れる方法を見つけ出します。「これでもいいでしょ？」「あれはどう？」という子どもからの例外の提案がいくつか出てくるような契約はあまりうまい方法だとはいえません。何が良くて何がダメなのか、そのうちわからなくなってしまいます。**いつ、どこで、どんな行動を、どのようにした時にシールがもらえるのか、明確にしたシンプルな契約ほど、ねらいとしたことを増やしていくのに効果的**です。

　何か親子でルールを作ったときや、新しいことを始めたときなどは、「今回だけ特別ね」という例外を作ってしまうと、子どもが混乱してしまいます。ですから、この**⑦**は Best Answer でありながら、本来あってはいけない苦渋の選択です。ここで、ひろ君とお母さんが再契約をしたことになります。

　⑦のやり方では、今回のひろ君の例外提案を無下に「ダメ」と却下してしまいます。あるいは、「あなたの言っていることは信頼できません」と伝えてしまうようなものです。これでは、せっかく育ちつつある、「トイレでおしっこをするのだ」という子どもの気持ちをそいでしまうことになります。

　⑦だとこの後、どこでできてもあるいはできなくても「いいでしょ」と例外提案がたくさん出てきそうです。わざわざ、うそをついてしまう機会を子どもに与えてしまいます。

　ひろ君とお母さんが新たに結んだ契約は、「お母さんが一緒にいるとき（いつ）―トイレで（どこで）―おしっこをする（どんな行動）」と「シールを１枚貼ることができる」というものでした。

Best Answer ‥‥‥▶ **⑦**

第2章　Q&Aで学ぶ　学校・家庭で身につく適応行動のステップアップ

> シールやスタンプを用いて
> 「やる気」を無理なく引きだす

❷-4

　トイレットトレーニングを始めて、そろそろ3か月が経とうとする頃には、おむつでおしっこをすることはだいぶなくなりました。そして、トイレでおしっこをしても、時々ひろ君はシールを貼ることを忘れてしまうようになってきました。

Question!!

せっかくおしっこができたのにシールを貼ることを忘れてしまうひろ君に、どんな声かけをすればいいでしょう？

Choices

㋐ 契約は契約だから、おしっこができたら必ずシールを貼るように促す。

㋑ シールを貼ることを忘れるくらいなら、「もう、シールはおしまいね」と言って、トイレから単語カードを取り除いてしまう。

㋒ 忘れている場合には、特に声をかけずにしばらく様子をみる。2、3か月してトイレが確立されたころ、そうっと単語カードを取り除く。

ご褒美なしでも、自然にできることが最終目標

　いったんできるようになってしまったことのなかには、特別なご褒美がなくても子どもたちが継続していけることがたくさんあります。ひろ君の場合のように、トイレや着替え、洗顔や歯磨きなどの毎日の日課となるようなことのなかには、こうしたことが多くあります。また、言葉を話す、歩く、文字を読む・書くといったようなことも、いったん確立されたら、なくなることは稀です。

　子どもたちに、新たに行動を教えていく場合には、その多くがこのように特別なご褒美がなくても、生活のなかに埋め込まれていくことが最終目標となります。ですから、㋐のようにご褒美を忘れているなら敢えて指摘をせずに、忘れたままにしたほうがいいのです。

ご褒美への固執を予防することも大切

　しかし、100％で行動が確立されていない時期に、たまたま忘れたからといって、㋑のように、急にご褒美を0にしてしまうと、子どもからの強い抵抗にあったりします。ですから、しばらくは知らん顔をして様子をみます。ただし、かなりご褒美に固執してしまう子の場合、「もう、アニメのシールのお助けがなくても、大丈夫！　トイレでおしっこができるようになったひろ君はエラいね」と宣言をして、スパーンとやめてしまうのもひとつの方法です。

　ご褒美に固執しないために、お菓子を手に入れるまでのシールの数を徐々に増やしていくことが大切です。ひろ君の場合には、最初に3枚、次に4枚と1枚ずつ増やしていきました。徐々に、交換までの基準を上げていくことによって、おしっこをしてもご褒美がない時期が伸びていき、このことがご褒美への固執を予防します。

Best Answer ……▶ ㋐

　桜の花が満開の4月。ひろ君は、新たな保育園に入園しました。入園にあたり、先生から「トイレでおしっこはできますか？」と聞かれた時に、ひろ君は誇らしげに「できます！」と答えました。

第2章　Q&Aで学ぶ　学校・家庭で身につく適応行動のステップアップ

こんなケースの場合は⁇

Question!! ▶ 　ひろ君のように、目標とした行動に向かって、日々、進歩がみられる子もいますが、時には「昨日までできたことができなくなってしまった」ということもあります。順調にみえたトイレでおしっこをするということが、ここ2、3日失敗ばかりで成功しません。どうしますか？

Answer ▶ **「一度できたんだから、がんばって！」は逆効果**

　子どもたちに新しいことを教えていくときに、その進歩が停滞してしまうことは、よくあることです。確実に身についていないということです。

　このような場合、支援者は「どうして？　昨日までできたのに」とついため息が出てしまいます。「できるんだから、がんばって」などと叱咤激励してしまいます。しかし、これは逆効果です。子どもにしてみれば、せっかくできるようになって、そのことを褒めてもらえていたのに、たまたま失敗したらこれまで褒めてくれていた人が、失望しているのがわかります。褒めてもくれません。アップしていたやる気が、一瞬にしてしぼんでしまいます。

　このような場合、「ゆりかごにもどる」やり方がうまくいきます。 2、3日の失敗だったら、ご褒美をもらう基準をその前の基準まで戻します。つまり、失敗する前に、シール6枚でご褒美と交換していたのであれば、5枚あるいは4枚くらいで交換します。成功していた時の基準まで戻して、子どもの「できた体験」を確実にしていきます。

　あるいは、交換するご褒美がいつもワンパターンで、魅力がなくなっている可能性もあります。これまで、出てこなかったような新しいご褒美を投入することも効果があります。

36

まとめ・用語解説
トークン・エコノミー・システム

●トークン・エコノミー・システムとは

　ひろ君に対してお母さんが行った、トイレでおしっこができたらシールを貼り、シールがたまったら素敵なものと交換するという方法を、トークン・エコノミー・システムといいます。トークンは、般性強化子あるいは代理貨幣ともいわれます。たとえば、お金のように、そのものにはそれほど価値があるわけではなく、手軽に使えるシールやスタンプ、ポーカーチップやクリップなどがよく使われます。この方法では、トークンを集めることにより、価値のある強化子＝バックアップ強化子と交換できます。バックアップ強化子には、対象とする人の興味や関心を取り入れた、何か特別のものや活動を用意します。

　トークン・エコノミー・システムは、それほど複雑な方法ではありませんが、効果が高く、その多くは楽しみながらできるので、この名前を知らなくても日常生活の中で使うことはよくあります。たとえば、夏休みにラジオ体操に行くとスタンプを押してもらえます。スタンプが一定数集まると最後にプレゼントがもらえるのも、ラジオ体操への参加を増やすためのトークン・エコノミー・システムです。大人の場合は、持っているポイントカードによって、買い物をするお店を選んだりするかもしれません。

●主な３つの留意点

　２歳半から３歳くらいになるとそのシステムを理解することができます。ただし、ひろ君に対してお母さんが行ったように、いくつかの留意点があります。

　１つ目は、トークン・エコノミー・システムに限ったことではありませんが、**何に対してトークンが付与されるのかを明確にした契約を子どもと結ぶこと**です。原則として、例外は認めないほうが効果的です。

　２つ目は、**バックアップ強化子とトークンを交換する基準を徐々に上げていくこと**です。最終的には、トークンやバックアップ強化子がなくてもその行動が確立されることが望ましいです。「いつの間にか、トークンの付与をお互いに忘れてしまった」くらいが理想的です。

　３つ目は、**バックアップ強化子とするものには、バリエーションをつけるということ**です。せっかくたくさんのシールをためても、いつもサイコロキャラメルでは、そのうちシールをためる気が失せてしまいます。ただし、あまりにも高価なものやスペシャルな事柄をその選択肢の中に入れてしまうと、今度は大人が続かなくなってしまうので注意しましょう。

第2章　Q&Aで学ぶ　学校・家庭で身につく適応行動のステップアップ

才能はあるのに繰り返し練習を嫌がるときは

すでにできているところから始め、褒める機会を増やす

3-1

　しずかちゃんは中学3年生の女の子です。アスペルガー症候群の診断を受けています。

　しずかちゃんは幼稚園の頃からピアノを始めて、当時、その腕前は大人もびっくりするほどでした。ピアノの村下先生はその才能を認め、プロを目指せると確信していました。

　しかし、しずかちゃんは練習が大っ嫌い。間違いを直されることも受け入れません。そのために、1回楽譜を見て弾ける曲はいいのですが、今のしずかちゃんにとって、間違えずに弾くには何度か練習をしなければならない曲の場合、弾き方を修正することができません。しかし、実はしずかちゃん自身も「自分がうまく弾けない曲を何とかしたい」と思っていました。

　そんなときお母さんは、しずかちゃんの才能をあきらめきれない村下先生から、しずかちゃんに家で練習する習慣を何とかつけてほしいとお願いされました。

Question!!

しずかちゃんに家でピアノの練習をする習慣をつけてもらうためには、お母さんはどうしたらいいでしょう？

Choices

㋐ しずかちゃんが弾ける曲を弾いてもらい、1曲終わるごとに微笑みながら「上手だね」と褒める。

㋑ 村下先生にしずかちゃんが間違えてしまう曲を練習曲として与えてもらい、「次のレッスンまでに弾けるようにしておいで」と言ってもらう。

㋒ 村下先生から、「どんな曲でもいいので10回練習してくる」といった宿題を出してもらう。

Answer

まずは、繰り返し練習を習慣づけるようにする

　これまで苦労せずに難しい曲も弾きこなしてきたしずかちゃん。それゆえ、高いプライドをもってしまい、間違うことやその間違いを指摘されることに抵抗感を示すようになってしまいました。たぐいまれな才能から、これまでは大好きなピアノを弾くことに対して、大きな壁にぶち当たらずにきました。また、周囲の大人も「できて当たり前」と思い込んでしまい、中学校に入るころからしずかちゃんがいくら難しい曲を弾きこなしても、小さいころのように称賛する機会が少なくなっていたようです。

　いくら上手にできることでも、自分の行ったことを客観的に評価したうえで、繰り返し練習をする、間違いを修正する、ほかの人からの修正を受け入れるといった姿勢がなければ、上達の限界がきてしまいます。しずかちゃんの場合は、周囲も、そして本人もこれ以上の上達を望んでいます。まずは、**繰り返し練習するという地道な努力を重ねる習慣をつけることから始めましょう。**

いきなり繰り返し練習にチャレンジさせることはNG！

　これまでやってこなかった練習を行うことを目標にしたときに、❶のように、課題として難しい曲を呈示されてしまうと、繰り返して練習することができないために、結局、弾けないまま投げ出しそうです。また、❷のように尊敬する先生から宿題を出されても、練習したかどうかの具体的なチェックがなければ、練習に向かう動機づけとしては低いものがあります。

　今現在、しずかちゃんが自信をもって弾ける曲を家で家族に聴いてもらい、それに対して無条件で称賛されることで、他の曲の練習につながることが期待できます。

Best Answer ⋯⋯▶ ❶

39

第2章　Q&Aで学ぶ　学校・家庭で身につく適応行動のステップアップ

> すでにできているところから始め、
> 褒める機会を増やす

3-2

　しずかちゃんは、徐々に家族がその場にいなくても、自分から家でピアノに向かう時間が増えてきました。終わった後に、お母さんは「今日の曲も素敵だったね」と感想を忘れずに伝えていました。村下先生にも「家で弾いてくると、レッスンでも自信をもって弾けるね」と褒めてもらい、しずかちゃんもまんざらではないようです。
　今度は「修正を受け入れて、少し難しい曲に挑戦させたい」と村下先生は思い始めています。

Question!!

しずかちゃんが村下先生の修正を受け入れるためには、どんな工夫をしたらいいでしょう？

Choices

㋐ 村下先生の前でしずかちゃんに弾いてもらい、間違った解釈で弾いているところをそのつど止めて、どのように直せばいいのか先生が見本を弾いて示す。

㋑ しずかちゃんの弾いた曲を録音しておいて、先生と2人で聴く。そのあとプロが演奏した曲を聴いて、しずかちゃんが違いに気づいたら、村下先生は「よく気がついたね。その通り」と認める。

㋒ 村下先生がどこに注意して弾けばいいのかアドバイスしてから、しずかちゃんに弾いてもらう。アドバイス通りに弾けた場合には、村下先生が「そうだ」とひとこと認める。

Answer

自分で間違いに気づくことが第一歩

　しずかちゃんが間違いを指摘されたり、修正されることをこれまで受け入れられなかったのは、**自分で自分の間違いに気がついていなかった可能性もあります**。自分がいいと思って弾いているのに「そうではない」と言われたことを受け入れるのは、プライドが許さなかったのでしょう。ここでは、自分でその間違いに気がつくことが修正を受け入れる第一歩となります。

　ピアノ演奏の場合、自分の弾いた曲を弾き終わった後で、客観的に評価する機会はそれほどありません。弾きながら良いのか悪いのか、瞬時に判断することが多いでしょう。しかし、しずかちゃんは「自分は正しい」と思って弾いているわけですから、なかなか同時進行で客観的な評価をすることはできません。

　そこで録音したものを聴いてもらい、同じ曲をほかの人が弾いたものと比べてもらうことで、しずかちゃんが自らその違いに気づくことを促します。その違いに気づくことが重要ですから、それが村下先生の見解とずれていたとしても、ここは気がついたことを認めます。そうしているうちに、「自分もこう弾きたい」というこれまでの弾き方の修正を自ら行うようになるでしょう。

見本やアドバイスの前にすべきこと

　しずかちゃんは、これまで自分が間違うこともそれに対する修正を受け入れることも嫌ってきました。そのため、㋐のようにそのつど止められてしまうと、1曲弾き終わるまでに「間違った」「修正された」という嫌な気分を何度も味わうことになります。

　また、㋑のように最初にアドバイスをしてもらえれば、そこに注意して弾くようになるかもしれませんが、そもそもどのように自分が弾いているのか、アドバイスのように弾いているのかいないのか判断できなければ、なかなかアドバイス通りに弾きこなすことは難しいでしょう。

Best Answer ……▶ ㋒

41

第2章　Q&Aで学ぶ　学校・家庭で身につく適応行動のステップアップ

> すでにできているところから始め、
> 褒める機会を増やす

❸—3

　他の人と自分の弾き方の違いに気がつき始めたしずかちゃんは、録音したものを聴き終わると、「ここがこうで違います」と言えるようになってきました。「私はここではこんな状況が思い浮かぶので、今までと違うこんな弾き方をしてみたいです」と自分のこれまでの弾き方を修正しようとする姿勢もみられるようになり、村下先生は頷きながら、しずかちゃんの修正した弾き方を聴いてくれました。そして、それも録音して、どうだったのかをしずかちゃんに尋ね、さらに修正が必要であるかどうかを判断してもらいました。

　こんなレッスンが重なるうちに、わざわざ録音して聞き比べなくても、村下先生がしずかちゃんの演奏をちょっと止めて、アドバイスをする修正も受け入れるようになってきました。次は、現在のしずかちゃんでは、少し間違えることが多くなりそうな曲に挑戦させてみたい村下先生です。あと1か月で発表会というときに、村下先生はしずかちゃんに、難度の高い曲を弾くように提案してみようと思いました。

Question!!

間違える箇所が多い、難度の高い曲を発表会で弾くことを、しずかちゃんがすんなりと受け入れるとは思えません。村下先生がどのように提案すれば、しずかちゃんは難度の高い曲に挑戦するでしょう？

Choices

㋐　「君なら絶対に弾けるはずだから」と暗示をかけて、曲の提案をする。

㋑　お母さんと相談して、難度の高い曲を発表曲として練習できたら、しずかちゃんの今ほしがっているドレスを買ってもらうことにする。

㋒　「この曲は発表会のとりにしようと思う」と言って、しずかちゃんに曲の提案をする。

| ③-1 | ③-2 | ③-3 |

Answer

より強い意欲がわく役割や目標を掲げる

　難度の高い曲は、これまでしずかちゃんが受け入れられなかった弾き間違えてしまう曲です。大嫌いだった練習も、相当しなければ弾けそうにもありません。難度の高い曲を弾きこなすことに挑戦するためには、**この２つの嫌なことを受け入れるほどの素敵なことがなければ、なかなか意欲はわきそうにもありません。**

　アは、尊敬し信頼関係が構築されてきた村下先生の「大丈夫」という保障です。**イ**は、ドレスという今最もほしい物です。**ウ**は、発表会の一番最後という名誉です。この３つのうちのどれが嫌な気持ちを抑え込むほど魅力的なのかは、子どもによって違います。この３つのすべてを呈示してもいいのかもしれませんが、ピアノに対してプライドをもっているしずかちゃんに対しては、これまで受けたことのない名誉を提供し、挑戦してもらいたいものです。

Best Answer……▶ **ウ**

　　１か月間、あれほど嫌っていた練習を毎日２時間近く行い、間違ってもそこでやめずに、何度も繰り返しました。

　発表会当日、しずかちゃんはおおとりです。プログラムは滞りなく進み、しずかちゃんの順番になりました。練習の甲斐あって、しずかちゃんはすばらしい演奏を終えました。会場にこれまでにない拍手が起こり、しずかちゃんは誇らしげに立ち上がり、深々と頭を下げながら、今度は来年開催されるコンクールに出場しようと心に決めたようです。

第2章　Q&Aで学ぶ　学校・家庭で身につく適応行動のステップアップ

Question!! ▶　しずかちゃんが家でピアノを弾いたことに対して、お母さんは「上手だね」といった称賛の言葉をかけました。しずかちゃんは、このお母さんの微笑みと褒め言葉を受けることで、家でピアノの練習をするようになりました。しかし、思春期に入った子どもたちは、こうした称賛の言葉をかけられても必ずしも喜ばず、それどころか「うぜー」「キモい」と言うこともあります。

　褒め言葉をあからさまに喜ばない子どもを、どのように褒めればいいでしょう？

Answer ▶

子どもの年齢に合う褒め方

　年齢の高い子どもたちが大人から褒められたときに、表向きにはあまり喜んでいないからといって、褒めることが子どもたちの行動を促したり、活動に取り組むための動機づけとして効果が低いとはいえません。大人でも他者からの褒め言葉がうれしくて、やる気になることはよくあります。しかし、年齢に合った言葉で称賛しなければ、バカにされているように感じる場合もあります。

　また、学校などほかの友だちのいる前で1人の子だけ褒めると、褒められた子は、ほかの子から疎まれてしまうかもしれません。

　思春期以降の子どもたちには、**さりげないサインや笑顔などの表情が言葉以上にうれしい場合もあります**。

まとめ・用語解説
社会性強化子

●社会性強化子とは

　はじめは強化子としての機能をもたないものの、生活経験において１次性強化子と対呈示されることによって強化子としてのはたらきをもつようになったものを２次性強化子といいます。１次性強化子が、生得的に強化子としての機能を果たすのに対して、２次性強化子は習得的な強化子です。２次性強化子の多くは、その人の興味や関心、好みが反映されます。

　２次性強化子のなかには、いくつかのタイプがあります。このなかの１つに社会性強化子があります。**社会性強化子は、人とのかかわりが強化子としてはたらくものを指します。**最もよく使われる社会性強化子は、褒め言葉です。しずかちゃんが家でピアノの練習を行うようにお母さんが使ったのは「上手だね」という褒め言葉と微笑みでした。しずかちゃんが自分の弾いた曲とほかの人が弾いた曲の違いに気づいたときには、村下先生は「よく気がついたね」という褒め言葉と「その通り」という承認の言葉を使っています。

　しずかちゃんは、家で練習をするようになりましたし、違いに気がつき先生からの修正を受け入れるようになっていきましたので、これらの褒め言葉や微笑み、承認の言葉は、しずかちゃんにとって強化子の機能を果たしたといえます。

　また、しずかちゃんが間違ってしまう曲を練習するための強化子は、発表会でのとりを務めるという名誉でした。そして、演奏の後の聴衆の大きな拍手は、難しい曲に挑戦したことへの強化子となったようです。他にも、ハイタッチやスキンシップ、グーサインやアイコンタクトといったものは社会性強化子として機能を果たす可能性が高いものです。

第2章　Q&Aで学ぶ　学校・家庭で身につく適応行動のステップアップ

苦手な教科の授業に取り組んでもらうには

遊びやゲーム感覚を取り入れ、
少しずつ好きな活動にしていく

4-1

　しゅん君は、特別支援学級に通う知的障害のある小学3年生の男の子です。身体を動かすことが大好きで、休み時間には元気いっぱいに遊んでいます。

　体育の授業は大好きで、楽しそうな笑顔をみせながら活動する場面もしばしばみられました。ところが、国語や算数の授業が嫌いなしゅん君は、課題のプリントが配られると机に突っ伏して問題を解こうとしません。

　担任の荒井先生は、しゅん君が体育の時間にみせる姿と国語や算数の時間にみせる姿のあまりの違いに頭を抱えました。どうすればしゅん君が問題に取り組んでくれるだろう…？　先生は、思い悩んでいます。

Question!!

あなたが荒井先生だったら、どのようにしゅん君を問題に取り組ませますか。

Choices

㋐ プリントの問題が全部終わるまで机に座らせて根気強く待つ。

㋑ 問題に取り組むように励まし、解くたびに声をかけて褒める。

㋒ 教室をいっぱいに使った〇×クイズ形式にするなど、課題に遊びを取り入れる。

Answer

本人の得意なことを取り入れ、楽しみながら課題に触れる

　学校の勉強は、子どもにとって必ずしも楽しいことばかりではありません。先生から「勉強をがんばれば、大きくなってから困らないよ」と言われても、そんな遠い未来のことより、今現在を楽しく過ごすことの方に大きなメリットを感じる子どもは少なくありません。

　それならば、楽しみながら取り組めるよう課題に遊びを取り入れてみましょう。多くの子どもは机上での学習よりも、身体を動かしたりゲーム感覚で取り組める活動を好むでしょう。**子どもが「ちょっとやってみようかな」「これならできそうだぞ」と思い、少しでも参加できるようになれば次のステップへの足がかりになります。**

子どもとの我慢比べにならないように

　㋐のように、決められたことを決められた通りに最後まで取り組む力をつけることが大切だと思われる方もいるでしょう。しかし、無理に不得意なことを求め続けると、課題に対する嫌悪感をより強めてしまうことになりかねません。その結果、子どもがさらに課題を拒否するようになると、先生のゆとりもなくなってしまい、授業がお互いに苦しい時間になってしまうでしょう。

　㋑は、先生が子どもに寄り添って褒め、子どものやる気を引きだす方法です。もちろん子どもが課題に取り組めるならば、この方法もいいでしょう。しかし、この方法が成立するためには、子どもが先生から褒められることがうれしいと感じることが必要です。また、この方法は課題に取り組む際に寄り添って褒めてくれる人が必要となるので、常に大人がそばにいないと学習できなくなる可能性があります。

Best Answer‥‥‥▶ ㋒

第2章　Q&Aで学ぶ　学校・家庭で身につく適応行動のステップアップ

> 遊びやゲーム感覚を取り入れ、
> 少しずつ好きな活動にしていく

❹-2

　課題に動きのある遊びを取り入れたことで、しゅん君は徐々に課題に向き合うようになってきました。繰り返し練習をし、正解する自信のある問題にはプリント学習に挑戦することもありました。そこで荒井先生は、そろそろ机上での学習に移行しようと考えています。

Question!!

さて、あなたが荒井先生だったら、どのようなプリントを作りますか。

Choices

㋐ しゅん君用に少ない問題数で、しゅん君が間違えることのないと思われる問題のみのプリント。

㋑ しゅん君が解く自信のある問題よりも少し発展的な内容で、問題に対する質問や挑戦を繰り返しながら解くプリント。

㋒ クラスの友達と同じ問題数で、同じレベルのプリント。

48

失敗経験を少なくし、子どもの「できた!」を引きだす

　⑦は、意図的に子どもの得意な問題だけを出題することで、子どもに失敗させない方法です。この方法の良いところは、**子どもが取り組んだことに対し、必ず肯定的な結果が即座に得られる**という点です。

　たとえば、問題を解くことで荒井先生からの称賛があり、友だちからも注目される機会が生まれ、そして何より本人が「やった!」「自分にもできたぞ!」という達成感を味わうことができます。また、問題数を少なめにしておくことで、だらだらと単調な学習になることを防ぐことができます。学習がだらだらと長引いてしまうと、いくら「できる」楽しみを味わえる活動であったとしても飽きてしまい、「いつになったら終わるかなー」としんどい時間になってしまうかもしれません。

　適度な満足感で、「もっとやりたい」と思える程度の量にとどめておくことが大切です。

最初から子どもに労力のかかる出題は避ける

　⑦は、いわゆる「試行錯誤学習」です。学習は、試行錯誤して進めるもので、わかる問題ばかりでは発展が見込めないと思われる方もいるでしょう。しかし、ようやく嫌いな学習に取り組み始めたしゅん君に、試行錯誤をさせることは、間違いを繰り返させることになります。もしくは、失敗とまではいかなくても、何度問題に挑戦してもなかなかOKがもらえず、苦しい思いをしてしまう可能性があります。

　特に、学習に対する意欲の低い子どもにとっては、間違いを指摘され続けることで、ますます学習への苦手意識が強くなってしまうでしょう。加えて⑦は、正答数や回答にかかる時間などを友だちと比較できるので、「やっぱり自分はダメだ」「どうせ自分なんて…」という思いをより抱きやすくなってしまいます。

Best Answer……▶ ⑦

第2章　Q&Aで学ぶ　学校・家庭で身につく適応行動のステップアップ

> 遊びやゲーム感覚を取り入れ、
> 少しずつ好きな活動にしていく

❹−3

　荒井先生がしゅん君用のプリントを作ってあげたことによって、しゅん君は100点をもらい得意顔です。それを見ていた荒井先生は、しゅん君の変化に手ごたえを感じました。
　ある日、いつものように100点を取っていろいろな先生に自慢して回っていたところ、しゅん君はひとりの先生から声をかけられました。「100点取れたなんてすごいね！　しゅん君なら、もう少しレベルアップした問題もできそうだなぁ」そう言われたしゅん君も、まんざらではなさそうです。

Question!!

次のプリントはどのようなものを作ればいいでしょうか。

Choices

㋐　しゅん君が、また学習を嫌いにならないように、同じプリントをしばらく出し続ける。

㋑　少しレベルアップした問題と、これまでのプリントで正解していた問題を混ぜたプリントをつくる。

㋒　学習へのモチベーションが上がっているので、レベルアップした問題を並べたプリントをつくり、難しいときには先生に質問するように伝える。

| ④-1 | ④-2 | ④-3 |

Answer

学習へのモチベーションを維持しつつ、難易度を上げる

難易度を上げるとき、問題を難しくすることによりこれまでコツコツと積み上げてきた学習へのモチベーションが下がってしまうことを心配するあまり、⑦のように慎重になり過ぎてしまうことがあります。しかし、これではいつまでたっても一定の学習レベルにとどまり続けてしまうでしょう。また、失敗しない方法で学び続けていくことで、誤りに対する耐性が欠けてしまう可能性もあります。実際の社会で生活していく上で、失敗しないで過ごしていくことはかなり難しいことです。

ある程度学習への意欲が出てきて、それが維持されるようになってきたら、徐々に支援を少なくしていくことも大切です。ただし、反対に結果を早急に求めすぎて、難しいレベルの問題ばかりを出題してしまうと、子どもにとってまた学習に対する負担が大きなものに戻ってしまい、再びやる気を失ってしまう可能性があります。

そこで、④のように新しく学習してほしい問題の間に、これまでに学習した問題を挟み込んで出題するという方法が効果的です。この方法で学習を進めると、子どもは難しい問題にもときどき出会いますが、必ず正解できる問題も保証されています。少し難しい問題があっても、次は○をもらえる問題かもしれないと思うことで、学習に向かう姿勢を持続させやすくなります。

さらにこの方法のいいところは、簡単にできることから支援する側の負担が少なく、いろいろな場面で応用することができるという点です。

Best Answer······▶ ④

次の週の学習の結果、しゅん君は70点でした。その次は80点、その次は75点となかなか100点を取れなくなってしまいました。それでもしゅん君は、100点を目指して学習に取り組んでいます。そして何より、問題が解けたときの「やった！」がうれしいようです。

第2章　Q&Aで学ぶ　学校・家庭で身につく適応行動のステップアップ

こんなケースの場合は ??

Question!! ‖‖‖‖▶　しゅん君のように、必ずしも順調に学習が楽しいと思えるようになる子どもばかりではありません。先生に促されて仕方なく学習には向かうのですが、なかなか「やった！」を感じられない子どもには、どのように対応すればいいでしょうか。

Answer　‖‖‖‖▶　　　**問題を解いた後の楽しみをプラスする**

　なかなか学習の結果による達成感を味わうことが難しい子どももいます。あるいは、問題が解けた直後は「できた！」を感じられますが、それがなかなか動機づけとしてはたらかず、自ら課題に向かうというステップアップがうまくいかないこともあります。

　支援者は子どもの将来を思って、ついつい熱心に学習に向かうように促してしまいます。しかし、これは子どもにとってやりたくないことを無理強いされているようなものです。皮肉なことに子どもはますます学習から遠ざかってしまいます。

　このような場合、**問題を解いた後に褒められるだけでなく、その子どもが楽しいと思える活動をする権利やできごとを追加すること**が有効です。たとえば、プリントを解き終わったら、好きなキャラクターからの一言が書かれたカードがもらえる。問題を解くたびにパズルの1ピースが受け取れ、最終的に好きな写真のパズルが完成する。解いた問題数に応じて好きな音楽を聴ける時間がたまっていくなどです。これらの方法がうまくいくようになったら徐々にご褒美をあげるまでの基準を上げたり、量を少なくしていきましょう。

まとめ・用語解説

課題内在型強化

●課題内在型強化とは

　しゅん君のように、課題に取り組み、解けたときの「やった！」という喜びが本人にとって「良いこと」になっている場合や、課題をこなし、一つひとつ問題数が減っていくことで行動が強化され、維持されていることを課題内在型強化といいます。

　先生に叱られるから勉強したり、お母さんから「宿題が終わるまで、おやつはなし！」と言われたりすることを避けるために学習をするのではなく、課題に取り組むこと自体が楽しくて自分から学習に向かうようになることは、学校教育や家庭学習において大きな目標のひとつといえます。

●課題自体が課題内在型強化としてはたらくために

　初めて課題が呈示された時点から、その課題自体が課題内在型強化としてはたらくことはあまりありません。**課題自体が強化子としてはたらくためには、課題の達成とあわせてご褒美をもらえたり、支援者から褒めてもらえたりする経験を繰り返すことが必要です。**すでに課題内在型強化としてはたらく活動＝高頻度で出現する行動を、低頻度でしか出現しない行動の強化子として使うこと（＝**プレマックの原理**）も効果的です。

　したがって、課題内在型強化としてのはたらきを作り上げていく場合には、短時間ではなかなかうまくいかず、ある程度の時間がかかります。支援者は、すぐに結果を求めすぎず、じっくりと子どもに向き合って支援をしていくことが大切です。

　支援者からのご褒美や褒め言葉など、強化子を受けることで課題に取り組むという行動が確立されたら、ある課題を課題内在型強化に移行させていくために、少しずつ与えられる強化子を減らしていくことが重要です。さらに毎回、強化子が与えられるのではなく、強化される頻度を低くして、ときどき強化されるようにすること（「強化スケジュール」71 頁を参照）で、課題そのものに強化機能が含まれるようにしていきます。

　しゅん君には、無誤学習（エラーレスラーニング）と散在手続きを用いてプリント学習を課題内在型強化に移行させていきました。無誤学習によって間違える経験をなくし、課題に取り組むという行動を継続しやすくした後、散在手続きとして、目標とする課題と一緒に学習済みの課題を出題してときどき正解がもらえるようにすることで、しゅん君は課題内在型強化を獲得しました。

53

第2章　Q&Aで学ぶ　学校・家庭で身につく適応行動のステップアップ

⑤ 家で勉強や宿題に取り組むためには

> 自分から勉強をするために、
> 自分でご褒美を決める

5-1

　かずゆき君は小学校4年生の元気な男の子です。勉強はあまり得意ではありませんが、食べることも体を動かすことも大好きです。特に野球が大好きで、お菓子のおまけのプロ野球選手のカードを集めることが最近のマイブームです。週末にはお父さんと、家の庭でストラックアウトをして遊んだり、公園でキャッチボールをしたり、長い休みがあると家族3人で野球観戦に行くこともあります。

　ある日、かずゆき君のお母さんは、近所の仲良しのお母さんと家での勉強が定着しないことを話していました。かずゆき君のお母さんは、家の本棚に積まれたままのたくさんのドリルを思い出しました。「算数も国語も難しくなってきたって言ってたし…。やっぱり、そろそろ本当に勉強をさせないといけないかしら…。でも…」と、頭を悩ませました。

Question!!

あなたがお母さんだったら、かずゆき君が勉強するようどのようにはたらきかけますか？

Choices

㋐ お母さんの目が届く場所で、時間を決めて、勉強をするようにかずゆき君と約束する。

㋑ 勉強が終わったら、お母さん特製のおやつをつくってあげることを伝える。

㋒ 書店に一緒に行って、かずゆき君がやってみたいと思うドリルを買う。

Answer

「勉強に取り組む」ことへのきっかけを作る

　これまで行っていなかったことに取り組んでいくことは、決して簡単なことではありません。ジョギング、お風呂上がりのストレッチ、掃除などなど・・・。私たち大人であっても何か取り組みのきっかけがないと、なかなか腰が上がらないと思います。子どもにとって、勉強は楽しいこととは限りません。何か勉強に取り組むきっかけを作って、勉強を『やりたくないもの』から『やってもいいもの』へと変えていき、最終的には『やりたいもの』に少しずつ変えていきたいものです。

　そのため、その子が好きかな、喜ぶかなと思うものを勉強の後に用意してみるのは良い方法です。子どもが、「○○があるから、勉強、がんばってみようかな！」と思えるように、勉強に取り組む前に伝えることが大切です。**大好きなもののために勉強に取り組むことができたというのは、まず１つの関門を突破したといえるでしょう。**

　❼のように、子どもに自分のことを自分で決めさせることは、やる気アップにつながります。しかし、これまでドリルを買ったことに満足し、最初だけ取りかかったものの、しばらくするとドリルの存在さえ忘れ去ってしまうことを繰り返してきたかずゆき君にとっては、また完成しないドリルを増やすだけになってしまいます。それは、勉強の習慣がついていないからです。

無理やり勉強させるのはNG！

　❼の方法は、母子ともにストレスがたまる方法です。お母さんは、「この時間だけは、勉強に集中して取り組ませなければ！」と子どもの様子を見張らなければなりませんし、子どももなんだか窮屈な思いをしてしまいます。子どもにとって勉強は「やらないといけないもの」「やらなければ怒られてしまうもの」とネガティブなイメージがついてしまいます。

Best Answer ‥‥‥▶ ❶

第2章　Q&Aで学ぶ　学校・家庭で身につく適応行動のステップアップ

> 自分から勉強をするために、
> 自分でご褒美を決める

5-2

　お母さんとかずゆき君は、これまで買いためたドリルのなかから漢字と計算ドリルを1冊ずつ選んで、毎日2ページずつ行うことに決めました。かずゆき君は、お母さんがつくってくれるおやつを楽しみに、自分からドリルを開き、合計4ページのドリルを済ませるようになりました。

　数日後、今日もお母さんは張り切って、「かずゆき！　今日は、クッキーつくるからね！」とかずゆき君に伝えました。しかし、かずゆき君は少し浮かない顔をして、「僕…今日、勉強が終わったらプロ野球チップスがほしいな〜」と言いました。

Question!!

あなたがかずゆき君のお母さんだったら、どうしますか？

Choices

㋐　毎回、お楽しみの内容を変えるが、何にするかはお母さんが決めることにする。

㋑　お楽しみの内容としていくつかの選択肢をお母さんが出し、勉強をする前に、かずゆき君がどれにするか選ぶ。

㋒　かずゆき君が言う通りのお楽しみを準備する。

Answer

お母さんが思っているわが子の好きなもの
……本当に好き？

　㋐の方法は、わが子の好きなものに対するお母さんのリサーチが完璧な場合は効果的ですし、準備する大人の都合に合致します。しかし、私たちも好きなものが変わるように、子どもの好きなものも、めまぐるしく変わっていきます。いくら好きでも、毎回同じお楽しみだと飽きてしまう子もいます。

子どもの好きなものを最大限に取り入れる工夫

　㋑と㋒は、いずれも**子ども自身がお楽しみの内容を決める**やり方です。当然、今、手に入れたいものや好きなものを自分で選ぶでしょう。㋑と㋒の違いは、選択肢に枠をつけるか否かです。

　㋒は枠のない選択肢です。つまり、「何でもあなたの言うとおりのお楽しみを用意しますよ」というメッセージが込められます。「この程度のものであれば、お母さんは用意してくれるだろう」と子どもが親の気持ちを読んでくれればいいのですが、そういう子ばかりではありません。ですから、㋑のように枠をつけないと、ある日を境に高価なゲームソフトを要求されてしまう可能性もあります。

Best Answer ……▶ ㋑

第2章　Q&Aで学ぶ　学校・家庭で身につく適応行動のステップアップ

> 自分から勉強をするために、
> 自分でご褒美を決める

⑤-3

　かずゆき君は、今日のお楽しみをプロ野球チップスにしました。勉強が終わったら、お母さんと一緒に買いに行くことにしました。「今日、○○選手のカードが出ないかなぁ。よーし、がんばって、ドリル終わらせよう！」と取りかかりました。

　お母さんも「かずゆき、自分から勉強するようになったわねぇ」とニコニコしながら、かずゆき君のそばで解いた問題の答えを何気なく見ていました。そうすると、ちょっとした計算ミスが多く、1ページ10問のうち半分くらいが間違っていることに気がつきました。

　はじめは、まず自分から勉強に取り組むことが大切だと思っていたお母さんでしたが、少し心配になってきました。「内容がわかっていないようではないし…。間違っているところを正すべきなのかしら…。でも、せっかく勉強に取り組むようになってきたし…」

Question!!

かずゆき君のドリルの出来をよくするためには、お母さんはどのようにしたらいいでしょうか？

Choices

㋐　勉強に取り組む前、かずゆき君に今日のドリルで何点をとるか、目標を決めさせ、「目標が達成できたら、お楽しみタイムね！」と伝える。ドリルの右上に、「目指せ！○○点！」と記入する。

㋑　間違ったら、そのつど声をかけてやり直しをさせる。

㋒　解き方のポイントが書かれた紙を一緒につくって、机の上に置くように伝える。

| 5-1 | 5-2 | 5-3 |

Answer

「勉強に取り組む」から「正しい答えを出す」へと 勉強の質をステップアップする

　これまでのかずゆき君とお母さんの約束は、「ドリル4ページが終わったらお楽しみの時間」というもので、とにかく4ページ終わらせればよかったのです。今度は、「正しい答えを導き出す」という勉強の「質」を上げていくことをねらいとしていきましょう。

　㋐の方法では、得点を目標としています。目標をどの程度に設定するかは、子どものこれまでの経験やその行為への自信などによっても異なります。あまり低い得点目標を設定するようであれば、いつもより少し高い目標を提案することも必要です。目標とした点数に満たなければ、これまで手にできていたお楽しみはもらえませんので、答え合わせのときに自分が間違った答えに注目し、次から注意しようとするでしょう。

　かずゆき君の場合は得点を目標にしましたが、**その状況によって何を目標とすれば、行動の質が向上するかは柔軟に対応することが必要**です。たとえば、集中時間を長くしたい場合には、取り組むドリルのページ数を目標にするといいでしょう。

　㋒の方法は、正しい答えを導き出すためには、有効にもみえますが、子どもの気持ちが約束のページ数を終わらせることだけに向いているままでは、せっかくの解き方ポイントには注目しないでしょう。㋐の方法と組み合わせて使ってみると、その効果が高まります。

「間違い」を振り返るだけではNG！

　せっかく自ら勉強に取り組む姿勢を身につけたのに、㋑のようにお母さんが間違えるたびに注意を繰り返してしまうと、お母さんがいないと正しい答えを出すことができなくなってしまいます。

Best Answer……▶ ㋐

　勉強を始めてから半年。今では、かずゆき君は「今日の問題は簡単だから90点を目標にしようかな！」と自分で目標を決めて、勉強に取り組んでいます。その様子をみて、お母さんは、「久しぶりに今度の日曜日に、3人で野球観戦でも行こうかしら」とニコニコしながらつぶやきました。

59

- 第2章　Q&Aで学ぶ　学校・家庭で身につく適応行動のステップアップ

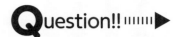

　　かずゆき君は、徐々にお母さんと約束したドリル4ページをあまり間違えずに終えることができるようになってきました。そこでお母さんは、「そろそろお楽しみを減らしていきたいな」と思いました。さて、どうしたらいいでしょう？

自分の行動を自分で記録

　勉強など、子どもたちがやらなければいけないことや毎日行うルーティンについては、最終的には特別なお楽しみがなくてもやってほしいものです。ドリルで問題を解くこと自体が楽しくなったり（「課題内在型強化」53頁を参照）、「ドリル4ページは毎日行うもの」と習慣化すればいいのですが、かずゆき君には少し時間がかかりそうです。

　そこで、「ドリルを4ページやったらお楽しみ」から5ページ、6ページと増やしていきましょう。子どもが、自ら取り組んでいこうという気持ちが増えていれば、うまくいく確率の高い方法です。でも、それほどやる気に満ちていなければ、徐々にお楽しみの呈示頻度を下げていくことと併せて、ドリルの点数を記録させてみましょう。その日にとれた点数をあらかじめ作成した一覧表に記録して、折れ線グラフにしてみるという方法です。そうすると、結果が目に見える形で残るため、次の目標にもつながりやすくなります。

　自らの行動を自分で記録していくことは、行動を維持していくことに効果があります。

まとめ・用語解説

自己強化

●自己強化とは

かずゆき君は、得点目標を決めてその目標が達成できたら、お母さんと相談してあらかじめ決めたお楽しみの時間を過ごすことにしていました。このように、決められた行動目標が達成できたときに、自ら決めたご褒美を自身が獲得する手続きを自己強化といいます。**自らの行動を統制するための自己管理技法のひとつ**です。

日常生活において、私たちはこの自己強化をよく使っています。たとえば、「10時まで仕事をしたら休憩しよう！」「今日は5つの会社を営業でまわる。3つ契約がとれたら帰りに行きたかったレストランに行こう！」といった具合です。自己強化には、「目標を決定する」「強化子を決定する」「目標が達成できたかを評価をする」「強化子を取得する」という大きく4つの要素が含まれます。

●自己強化の4つの要素すべてを1人で行えるわけではない

自己強化のすべての要素を厳密にひとりで行うことは、大人でも難しいことです。そのため、**子どもがつまずきそうな部分を大人が手伝ってあげたほうがいいこともあります。**かずゆき君の場合も、目標を決定する段階で、どのくらい何ができるのかお母さんといっしょに決めています。

●子どもが何を強化するのかを具体的に

どの行動を強化していくのかを具体的に決めることは、自己強化の手続きを用いるときにも重要です。「勉強をがんばったら、おこづかいでお菓子を買おう」とするよりも、「**ドリル4ページ分終わったら、おこづかいでお菓子を買おう**」や「**ドリルの応用問題を自分で1問以上解けたら、おこづかいでお菓子を買おう**」などと、何に対して強化を行うのか、より具体的にしていくことが望ましいです。

第2章　Q&Aで学ぶ　学校・家庭で身につく適応行動のステップアップ

6 割り当てられた仕事をちゃんとこなすには

仕事の効率を上げるために、休憩の取り方を工夫する

6-1

　ゆきさんは知的障害の診断を受けている18歳の女性です。この春、特別支援学校を卒業し、一般企業の特例子会社に就職することができました。ゆきさんは、その会社の美化グループに配属になり、その会社を掃除することが毎日の仕事となりました。

　仕事では「今日はこの場所とこの場所を掃除してきてね」と、担当する場所を割り振られ、1人で掃除に行きます。ゆきさんは、もともとそんなに掃除は好きではありませんが、仕事だからと最初はがんばって取りかかります。しかし、1日中1人で掃除をしていると、なんだかやる気がなくなり、のんびりやってしまって、割り当て量が終わらないこともあります。

　ゆきさんの教育担当を任されている根岸さんは、「給料を払っているのだから、もっとしっかりやってほしい」と、頭を悩ませていました。

Question!!

あなたが職員の根岸さんだったら、どのようにしてゆきさんに割り当て量の掃除をしてもらいますか？

Choices

㋐ 掃除が終わった後にいっしょに点検して、割り当てられたなかできれいになっていないところがあれば、「もっとしっかり掃除して！」と注意する。

㋑ 掃除中にこまめに見回り、声をかける。

㋒ 1日でゆきさんが終わりにできる分まで、割り当て量を減らす。そのうえで、割り当て箇所を細かく分け、一か所の掃除が終わったら休憩室に戻ってチェック表にスタンプを押してもらうことにする。割り当て量が終わったら褒める。

62

まずはできる量からはじめる

　掃除という仕事から、それ自体に楽しみややりがいをみつけるのはなかなか難しいことです。お給料も月末にしかもらえません。そんななかで1日中掃除をする、というのは精神的にも体力的にも疲れるものです。今のゆきさんは、自分のペースで掃除をし、疲れたら休み、全部終わらなくても時間がきたら帰ってもいいことになっています。

　❷は、最初からすべての割り当て箇所を1人で任せるのではなく、細かく分けた一定量ずつ掃除してもらい、それが終わったらチェックする方法です。一定量とは、本人が休まずに集中して取り組めるような量です。少ない量であってもできたらスタンプを押すことで達成感を得られますし、全体の見通しもつきやすくなります。

　また、最後には根岸さんが褒めることで、本人が「仕事が全部終わったら、褒めてもらえるから嬉しい」と思えるようにしていきましょう。

注意ばかりしているとやる気をなくしてしまうことも

　㋐のように掃除が終わった後に点検することは、仕事としては一般的です。割り当てられたことができなければ、残って最後まで行うなど何らかのペナルティーが課せられることも少なくありません。注意されれば、次からは気をつけようと思うかもしれません。しかし、掃除が終わった後に、毎回のように怒られていては、職場は楽しくない、行きたくないところになってしまうでしょう。

　㋑のように、職員が掃除中に見回れば、ゆきさんはサボらずにできるようになるかもしれません。しかし、見回りに来ないときにはサボることもできます。これでは、誰のために仕事をしているのかわからなくなってしまいます。それに、見回りに来てはチェックされていると、「自分は信頼されていないんだ」と悲しくなってしまいます。さらにこのやり方は、定期的にゆきさんを見回る職員が1人、必要になります。これでは、いつまでたっても、ゆきさんは1人で仕事ができるようになりません。

Best Answer ……▶ ❷

第2章　Q&Aで学ぶ　学校・家庭で身につく適応行動のステップアップ

> 仕事の効率を上げるために、
> 休憩の取り方を工夫する

6—2

　割り当て箇所を細分化し、終わるごとにスタンプを押すというやり方を始めると、ゆきさんはだんだんコツをつかんでいきました。また、掃除する量を減らしたため、その日の割り当て箇所が終わらないということもなくなってきました。

　しかし、ゆきさんが掃除をしている様子を見に行った根岸さんは、ゆきさんがずいぶんとゆっくり掃除をしていることに気がつきました。「そろそろ、もう少しゆきさんに任せる分を増やしていきたい」と思う根岸さんです。

Question!!

あなたが根岸さんだったら、どのようにしてゆきさんの割り当て箇所を増やしていきますか？

Choices

ア　ゆきさんに「今日からこれだけやってもらいます」と宣言して、割り当て箇所を増やしたチェック表を渡す。

イ　割り当てを細分化するときに、1か所をこれまでより時間のかかる量に増やして、全体の割り当てを増やす。

ウ　ゆきさんが1か所を終えてスタンプを押しに来る前に、休憩室に何気なくお菓子を1つ置き、「ゆきさん、お疲れ様。どうぞ食べてください」という札をたてる。

Answer

適切な量を呈示しなければ、完遂できない

⑦も⑦もゆきさんの意思に関係なく、量を増やす方法です。仕事ですから当然、どんどん量も質も向上させていくことが必要です。そのために「今日からこれをやってください」と言われたら、従うよりほかありません。また、仕事においてやることを増やされたり、ちょっと難しいことを要求されることによって、やる気が出る人もいるでしょう。そういう人にはどんどん仕事を増やしたり、難しくしていくことが有効です。

ところが、ゆきさんの場合、掃除自体があまり好きではありません。ようやく、何をどうすればいいのかがわかり、全部終われば褒めてもらえる、ということを目標に仕事が順調に流れ出したところです。ですから、仕事の量を増やし「やってください」と呈示すると、また、最後まで終わらないことが増えてしまうかもしれません。

⑦と⑦の違いは、増えたことに気がつきやすいか気がつきにくいかという点です。⑦の方が一見、増えたようにみえないかもしれませんが、なかなか１か所が終わらず、スタンプを押しにいけないので、結局、のんびりやることになってしまうでしょう。

休憩を取り入れて仕事の効率を上げる

⑦はちょっとスペシャルです。でも、私たちも仕事が一段落したら、お茶を飲んだり、雑誌をみたりして休憩することはよくあります。これまで休憩室に入ることも、そこで休憩することもなかったゆきさんです。**一段落したら休憩するというやり方は、仕事を効率的に進めるのに有効**です。

１か所終わらないとスタンプを押しに休憩室に入れませんので、休憩とお菓子が魅力的であれば掃除のスピードがアップしていくはずです。ただし、お菓子は小さいもの１つにしておかないと、いつまでたっても休憩時間が終わらなくなってしまいます。

Best Answer ……▶ ⑦

65

第2章　Q&Aで学ぶ　学校・家庭で身につく適応行動のステップアップ

> 仕事の効率を上げるために、
> 休憩の取り方を工夫する

6-3

　最初は、休憩室に好きなお菓子が置いてあることにびっくりしたゆきさんです。その日の帰りに根岸さんから「お菓子はおいしかったですか？」と聞かれて、「はい」と答えたところ、根岸さんから「明日も休憩時間のお菓子を用意しておきますからね」と言われて、明日のお菓子はなんだろう、と楽しみになりました。

　何日か経つと、休憩時間のお菓子を楽しみに、ゆきさんの掃除のスピードがどんどん上がっていきました。ゆきさんは早いときには30分もかからないうちに1か所の掃除を終え、休憩室に入ってお菓子を食べていました。ときには、割り当て量を退社時間のかなり前に終えてしまったので、根岸さんが別の割り当て表を渡したこともありました。

　そんなある日、根岸さんは、他の職員たちが「あの子、よく休憩室に入っていくよね」「特別にあの子だけお菓子があるみたいよ」「えー、それって特別扱いじゃない？　私たちは、決まった時間しか休憩していないのに」と話しているのを聞いてしまいました。このままでは、ゆきさんは職場のなかで同僚から疎まれてしまうかもしれません。

Question!!

ゆきさんが特別扱いを受けているという印象を一掃するためにはどうしたらいいでしょう？

Choices

㋐　ゆきさんに、「ずいぶん掃除が上手になってきましたね。スタンプ押しにいちいち来るのは大変でしょうから、2か所終わったら押しに来てください」と説明する。

㋑　ほかの職員の分のお菓子を用意して、休憩室に置く。そのうえで、ゆきさんは掃除の仕方を覚えるために、こういう方法をとっているという説明を全職員にする。

㋒　ゆきさんに休憩室ではない場所で、スタンプを押したりお菓子をとったりすることを教える。

| 6-1 | 6-2 | **6-3** | 6-4 |

Answer

できるようになったら、徐々にお菓子の量を減らしていく

「ゆきさんだけ特別扱いされている」という、他の職員の不満を減らすためには、ゆきさんがスタンプ押しに休憩室に来る回数を減らし、最終的にはスタンプを押さなくても、割り当てられた箇所を終了することができるようになることが必要です。

しかし、いきなり仕事を完成するための手がかりとなっているものをなくしてしまうと、どのように掃除をすませていっていいのかわからなくなってしまいます。それに、今お楽しみにしているスタンプ押しとセットになっているお菓子を一気になくしてしまっては、掃除のモチベーションが再び下がってしまいそうです。

ゆきさんの様子をみながら、**無理なく、徐々に休憩室を訪れる回数を減らしていくことが必要**です。「２か所終わったらスタンプを押す」というリズムで、１日に行える掃除の量が減らなければ、３か所で１回とスタンプ押しの頻度を薄めていきます。

他の人の理解を得るためには

❷の方法は、これまでと場所を変えて同じことをしていきます。ですから、ゆきさんの掃除をすることに対するモチベーションが下がることも、その量が減ることもないでしょう。しかし、ほかの職員さんから隠れて行うことになりますので、なんとなく後ろめたいです。

❶の方法のように、ゆきさんへの支援についてほかの職員の理解を促すことは、大切なことです。しかし、なかには「だからといって、特別に１人だけお菓子をもらうのはどうか」と感じる人はいるものです。ですから、全員にゆきさんと同じお菓子を用意することが必要になってくるのですが、その場合は根岸さんの懐がたまったものではありません。

Best Answer ⋯⋯▶ ❼

第2章　Q&Aで学ぶ　学校・家庭で身につく適応行動のステップアップ

> 仕事の効率を上げるために、
> 休憩の取り方を工夫する

⑥-4

　スタンプ押しの頻度を2か所で1回、3か所で1回と徐々に低くしていきました。4か所で1回になったころ、根岸さんはゆきさんの掃除をした場所の見回りをしました。そうすると、ゆきさんが1日の最初の方で掃除した場所は、とてもきれいに仕上げてあるのに、あとで掃除をした場所は、汚いまま残されていることに気がつきました。そこで、ゆきさんの1日の様子をみることにしました。

　そうすると、1日の最初の方でスタンプを押してお菓子を食べた後、かなりの時間、ゆきさんが休憩室で休んでいることに気がつきました。そして、割り当ての量が終わらないことに気がつくのか、最後の方はあわてて掃除を完了させている様子がみられました。

Question!!

ゆきさんにすべての割り当て箇所を、同じように丁寧に掃除をしてもらうためにはどうしたらいいでしょう？

Choices

㋐ 定期的に根岸さんが見回って、忘れているところがあればやり直しをさせる。

㋑ スタンプ押しのためのチェック表は、ゆきさんが持って回ることにする。そのうえで、ゆきさんに1日に何回休憩をとっていいのか相談して決める。休憩時間は、同僚の人に声をかけてもらって一緒にとることにする。

㋒ 休憩室に入る前に、休憩時間をタイマーでセットしてもらい、タイマーが鳴ったら掃除場所に戻るように決める。

| 6-1 | 6-2 | 6-3 | **6-4** |

Answer

1日の休憩回数を設定し、
自ら仕事にしっかりと取り組む

　私たちも、一定の仕事をして休憩をとってしまうと、なかなか次の仕事に戻れなくなることがあります。ところが、決められた分量の仕事は1日のうちにこなさなければなりませんので、どうしても最後のほうが雑になってしまうことはよくあることです。

　そこで、現在の休憩室に入る回数は保障しつつ、いつ休憩に入るのかあいまいなままにします。そうすると、**ちょっとした緊張感をもって、一定のペースで仕事を持続**させていないと、1日の割り当て量が終わらなくなります。

　㋐は掃除の質を担保するためには、効果的な方法です。ですが、必ず根岸さんが見回りをする必要があるため、ゆきさんが1人で丁寧に仕事をすることにはつながらなくなってしまいます。それに、やり直しは誰でもいやなものです。

　㋑の方法は、自分で休憩時間をコントロールする方法です。タイマーをセットすることによって、これまで自分で決めていた時間をある程度制御することができるかもしれませんが、「まあ、もうちょっといいかな」とゆっくりしてしまうこともあるでしょう。

Best Answer……▶ **㋒**

　休憩にいっしょに入る同僚の人は、その日によって変わっていきました。そのなかの1人、ゆきさんとあまり年が離れていないはなさんは、ゆきさんが丁寧に掃除をしていると「わー、とてもきれいだね」と声をかけてくれました。はなさんに声をかけてもらって一緒に休憩に入ることを楽しみにするようになったゆきさん。はなさんもゆきさんと話をすることが楽しいようです。2人がアフター5を楽しむようになる日も、遠くないかもしれません。

69

第2章　Q&Aで学ぶ　学校・家庭で身につく適応行動のステップアップ

こんなケースの場合は❓❓

 ゆきさんの場合、1つの割り当て箇所の掃除が終わるたびにスタンプを押してお菓子をもらっていました。そして、徐々にスタンプとお菓子の呈示頻度を下げていきました。これに対してゆきさんは、何か文句を言うことはありませんでしたが、「これまでと同じがいい」と言われてしまったらどうすればいいでしょう？

　　　1回分のお菓子の価値を上げて、
　　　　　　妥協点をみつける

　これまで、一定量の仕事に対して呈示していたご褒美を減らすタイミングは、とても難しいものです。これまでと同じ仕事をしているのに、給料が減ったら私たちも文句を言うでしょう。ゆきさんの場合、教育係の根岸さんから、ご褒美を減らすのは「掃除が上手になったから」＝「あなたを認めたからですよ」という説明があり、抵抗につながりませんでした。もし、ここで抵抗を示すようだったら、1回分のお菓子に工夫することが有効です。

　お菓子を呈示する回数を減らしたいわけですから、1回に提示するお菓子を少し高価なものにするとか、お菓子だけではなく紅茶も一緒につけるとか、今まで1つだったお菓子を2つにしてみるといったように、1回分の価値を少し上げるという方法で妥協点をみつけるのはひとつの手です。

　私たちも、給料を減らすのであれば、休暇を増やしてほしいとか、福利厚生をもっと充実させてほしいといったように交渉することがあるでしょう。どこで折り合いをつけられるのか、探していくことが必要です。そして、必ずこうしたご褒美の内容やその呈示頻度については、**本人と明確な約束をしておくことが大切**です。契約違反になってしまいますからね。

まとめ・用語解説
強化スケジュール

●頻度や時間を用いて行動を身につけていく

　根岸さんは、強化子であるお菓子の呈示頻度やタイミングに変化をつけています。このように強化子の呈示頻度やタイミングのことを強化スケジュールといいます。

　強化スケジュールには大きく分けて、連続強化スケジュールと間欠強化スケジュールの2種類あります。

　連続強化スケジュールは、新しい行動を身につけるときに最も効果的です。しかし、強化子に対する飽和が起きやすく、強化子への依存が強くなるために、強化子がないと行動できなくなることも少なくありません。子どもたちの自発的な行動を促すために強化子の呈示頻度を希薄化することが必要になります。このとき、間欠強化スケジュールを用いることが有効にはたらきます。

　間欠強化スケジュールのなかで代表的なものは、比率スケジュールと間隔スケジュールです。固定比率スケジュールでは、標的行動の生起回数に従って強化子が呈示されます。根岸さんが最初にゆきさんに行ったように、「2か所掃除したら1回お菓子」のように回数を決めて強化する方法です。このスケジュールでは、短い時間で行うほうが強化子をもらえるため、早く終わらせようとして作業が雑になることも多いです。また、強化に要する反応数が増えると、強化された後に作業に戻れなくなる反応休止が起きることがあります。

　これらの問題を解消するのが変動比率スケジュールです。変動比率スケジュールでは、強化のタイミングは固定しません。たとえば、「5か所掃除するうち1回休憩をとっていいけれど、休憩をとるタイミングはそのたびに伝える」といったようにその比率だけを決めておきます。いつ強化されるのかわからないため、必要以上に作業が早くなったり、反応休止が起きることも少なくなります。

　固定間隔スケジュールでは、「30分間掃除をしたら1回休憩する」など、標的行動の生起時間に従って強化子が呈示されます。一方、「1日のうちの休憩回数だけを決めておいて、そのタイミングはその都度伝える」といった場合の強化子の呈示は変動間隔スケジュールになります。

第2章　Q&Aで学ぶ　学校・家庭で身につく適応行動のステップアップ

家の中で大声を出したり、走り回って遊ぶのを止めさせるには

家事の役割を与えるなど
家での過ごし方を変えていく

7-1

　しょう君は、特別支援学級に通う小学1年生の男の子です。しょう君は全体的に発達がゆっくりですが、学校が大好きで、放課後も友だちと元気よく遊んでから帰ってきます。

　学校が終わって家に帰ってからも、家の中を走り回ったり、1人で大声を出して戦闘ごっこをしています。夕食の支度で忙しいお母さんは、そのうるささに我慢できず、しょう君のそばに近寄って「うるさいから静かにして」と注意します。そうすると、しょう君はいったん走るのをやめますが、お母さんが夕食の支度に戻るとまた、ドタバタと動き始めます。

Question!!

あなたがお母さんだったら、しょう君に静かにしてもらうためにどうしますか？

Choices

ア 「お家の中で走り回ると、近くに住んでいる人の迷惑になる」と、うるさくするとなぜいけないのか、その理由を説明する。

イ 「やることがないなら勉強しなさい」と言って、宿題をやるように言う。

ウ しょう君の好きなパズルを出しておき、パズルを始めたら、近寄って「座って遊べてえらいね」と褒める。走り回っているときは放っておく。

Answer

かわりの魅力的な活動を提供する

　家でやることがないときに、どうやって過ごせばよいのか、特に遊びのレパートリーが少ない子どもはなかなか自分からみつけることができません。そんなとき、身体を使った遊びは道具がなくてもできるため、どこでも簡単に行えます。お母さんにとってはやめてほしい、家の中で走り回る等の行動でも、子どもにとっては楽しい遊びです。ですから、注意をすれば一時的にやめても、しばらくたつとまた走り回ってしまいます。

　また、走り回っていると、忙しいお母さんがそばに来て、声をかけてくれるのもうれしいものです。走り回るのをやめさせるためには、その時間をどう過ごせばいいのか、魅力的な活動を提供することが必要です。走り回ってほしくない場合は、座って行う活動がいいでしょう。

　座って行うことに取り組み始めたら、すかさずそばに近寄って、一緒に遊んだり、座って遊んでいることを褒めます。そのかわり、走り回っているときにはそばに近寄らず、注意するのもやめます。お母さんにとっては少し我慢が必要ですが、「走り回っているよりも座ってお母さんと遊んだ方が楽しい」という経験を子どもが理解することによって、徐々に家での過ごし方が変わっていきます。走り回る様子に我慢できなければ、積極的に遊びに誘ってもいいでしょう。

目的に沿った活動を考える

　㋐のようにやってはいけない理由を言って聞かせ、本人が納得してやめることも大切ですが、実際には理屈はわかってもやめられない子どもが少なくありません。なぜなら、やめられないほど好きなことだからです。また、走り回っているときにかかわればかかわるほど、「走り回ればお母さんは僕のそばに来てくれる」と思ってしまいます。

　㋑は、走り回るかわりに何をすればいいのか教えていますが、子どもにとって勉強は、好きなことをやめてまでやろうと思えるような魅力的な活動とはいえません。「勉強をさせること」が目的ではなく、「家の中で走らない（＝座って遊ぶ）」ことを目指すのであれば、走るかわりの魅力的な活動を提供することが一番の早道といえます。

Best Answer ······▶ ㋑

第2章　Q&Aで学ぶ　学校・家庭で身につく適応行動のステップアップ

> 家事の役割を与えるなど
> 家での過ごし方を変えていく

7-2

　しょう君は家に帰ってくるとお母さんが出しておいてくれたパズルやお絵描き、ときには漫画を読むなど、走り回らずに座って遊ぶことができるようになってきました。

　しかし、何時間も1人で過ごすのは難しく、30分もすると「ママ、来てー」「ママ、見てー」とお母さんを呼びます。そのたびにお母さんは、夕食の支度を中断してそばに行かなければなりません。そこでお母さんは、1年生になったことだし、そろそろお手伝いを始めてみようかなと考え、しょう君に「お母さんのお手伝いしてよ」とお願いしてみることにしました。すると、しょう君は、「やだ！」と言って逃げてしまいました。

Question!!

あなたがしょう君のお母さんだったら、どのようにしてお手伝いをさせますか？

Choices

㋐「もう、しょう君はお兄ちゃんだから、お家のお仕事をしようね。みんなもきっとやってるよ」と優しく諭す。

㋑「お手伝いしてくれたら、夕食のあとパズルや魚釣りゲームをママとしよう」と誘う。

㋒「遊ぶのはお手伝いしてから」と約束を決め、お手伝いの後にたくさん褒める。

Answer

「感謝されて、一緒の遊びも GET ！」のお得な時間に

「お手伝いをするとお母さんがたくさん褒めてくれるから好き」という子もいますが、「手伝って」と言われると、「なんとなく面倒だな…」と思う子も少なからずいます。そんなときに、お手伝いの後に素敵なご褒美が待っていると、「やりたくない」と思っている子のやる気もアップします。

夕食の後に一緒に遊ぶなど、ちょっとしたご褒美を設定することで、「お手伝いしようかな」という気持ちを育てていきます。また、ご褒美を数種類用意して、子どもに選んでもらうことで内容に飽きることを避け、ご褒美をもらうことを期待しながら、お手伝いを継続することができます。

ご褒美よりもお手伝い自体を楽しんでいたり、「ありがとう」や「うれしいな」などの言葉を期待して、お手伝いに取り組むようになった場合は、ご褒美をあげる頻度を減らしていきましょう。

お手伝いが嫌いにならないようにする

⑦では、なんとなく「お手伝いをしないといけないのかな」という気持ちにさせることはできるかもしれませんが、他に楽しいことがある場合はそっちを優先させてしまいます。

⑦は、早く遊びたいという気持ちからお手伝いはしますが、普段からしていたことを禁止されると、不満が高まります。その結果、お手伝いをしてせっかく褒めてもらっても、「本当は遊びたいのに…」という思いが募ります。「お手伝い」＝「遊べない嫌な時間」になってしまう可能性があります。

Best Answer ……▶ ⑦

第2章　Q&Aで学ぶ　学校・家庭で身につく適応行動のステップアップ

> 家事の役割を与えるなど
> 家での過ごし方を変えていく

7-3

　お母さんはしょう君に、食器の配膳のお手伝いを頼むことにしました。「お手伝い、おねがーい」のお母さんの声かけに、しょう君は「はーい」と快く引き受けてくれるようになりました。「今日はね、僕、トランプしたいな」と張り切っています。

　ところが、食卓の1か所にすべての食器を置いたり、1人分の席にお箸が2膳あったり、取り皿がなかったりと過不足なく並べることが難しいようです。しょう君は、「できたよ！」と自慢げですが、結局、お母さんが並べ直すことになってしまいます。

Question!!

あなたがお母さんだったら、しょう君のお手伝いの仕方にどう対応しますか？

Choices

㋐　1人分の食器を正しく並べた見本をお母さんがつくり、「これと同じように並べてね」と言う。間違えたときは褒めずに、見本と同じにできたときに褒める。

㋑　何度も注意してはお手伝いが嫌いになると困るので、そのままにしておく。

㋒　つきっきりで、正しい配膳を覚えるまで教える。

| | ⑦-1 | ⑦-2 | ⑦-3 |

Answer

見本を見せて正しいやり方を教える

せっかくお手伝いに喜んで取りかかり始めたときに、⑦のように細かいことまで注意するとお手伝いが嫌いになってしまいます。そこで、始めたばかりの頃は、細かいことはできていなくても指摘せず、「ありがとう」「助かった」「がんばったね」と褒めてあげることが大切です。ただし、いつまでたっても、①のように間違えたまま放っておいたら、正しい配膳の仕方を学ぶことはできません。

食卓の上に目印があるわけではありませんので、食事に必要なたくさんの食器をどのようにどこに並べたらいいのか判断することは、小さい子どもにとって難しいことです。そこで、⑦のように見本を示してあげると、必要な時にいつでも参照することができます。

また、**見本通りにできた時にはたくさん褒めてあげて、見落としやちょっとした間違えがあったときには褒めずに、間違えたところを簡単に教えてあげましょう。**たとえば「箸、忘れちゃったね」といった具合です。間違えたからといって、ご褒美を取り上げてしまうのはタブーです。本人は、一生懸命お手伝いをしようとしているのですから。

もし、間違えてばかりでなかなかお手伝いの後に褒められない場合は、配膳する食器の種類を減らしてみましょう。**「できなかった」という経験より、「できた」経験が子どもを伸ばしていきます。**

Best Answer……▶ ⑦

家に帰ると、ドタバタと走り回っていたしょう君でしたが、お母さんがパズルなどの座ってできる遊びを提供し始めると、徐々に興味の幅も広がってきました。「ママ、今度はアニメのパズル買って」「図書館にある漫画を借りに行きたいな」と自分からお母さんにやりたいことを言えるようになってきました。配膳は、まず取り皿から取りかかっています。

77

| 第2章 | Q&Aで学ぶ　学校・家庭で身につく適応行動のステップアップ |

こんなケースの場合は ??

Question!! ⅢⅢ▶　しょう君が家で走り回っていたころ、戦闘ものヒーローになりきって、掃除機の長い柄の部分を家のなかでブンブン振り回すことがありました。さて、どうしますか？

Answer ⅢⅢ▶　**危険な行為にはさっと対応してしまう**

　自分自身がけがをする危険な行為、あるいは誰かを傷つけてしまう行為、物を壊してしまう行為は黙って見過ごすわけにはいきません。しかし、**子どもが大人の反応を期待してやっている場合には、反応した段階で子どもの思うツボです。**こんなときには、できるだけ無表情でそばに行き、黙って掃除機の柄を取り上げます。怒った表情を見せたり、「もう、危ないからやめて」とか、「こっちによこしなさい」などと注意しながらその行為を止めようとすると、子どもはこちらの反応に対してまたなんらかの反応を返します。たとえば、「なんでー」とか「えー、いいじゃん」といった具合で、取り上げられた掃除機の柄を取り返そうとまとわりつくかもしれません。大好きなお母さんには、注意されてもそばにいて構ってほしいと思う子は少なくありません。ですから、こうしたやりとりがしたくて、わざと怒られるようなことをしている子もいます。

　「取り上げられるかもしれない」ということを悟られないように、すっと取り上げてしまって、そのあと子どもが何を言っても関知しないでいます。そして、「さあ、パズルをしよう」と今やってほしいことに誘いましょう。

まとめ・用語解説

分化強化

●望ましい行動を増やし、望ましくない行動を減らす

　しょう君のお母さんはやめてほしいことには反応せずに、やってほしいことを呈示しながら、それができたときだけ褒めていきました。このように、望ましい行動を増やし、望ましくない行動を減らすために、強化と消去の原理を応用したものを分化強化といいます。望ましい行動ができたときは、褒める・ご褒美をあげるなどして、その行動を強化します。その一方で、望ましくない行動に対しては反応せず、消去します。

　このように、分化強化の手続きを用いると、やめてほしい行動とその場で行ってほしい望ましい行動の置き換えを図ることもできます。また、徐々に行動のレベルをステップアップしていくこともできます。

　たとえば、しょう君のお手伝いの場合、取り皿とコップと箸の3つをひとりで正しい位置に3人分、配膳することを最終目標とします。最初からできればいいのですが、間違いが多い場合に、まず、3人分の取り皿を一人ひとりの席に配膳することを目標とします。これができたら、すかさず褒めていきます。

　取り皿を間違えずに配膳することが定着してきたら、目標をステップアップします。今度は、取り皿の右上にコップを3人分配膳することを目標とします。このとき、取り皿を並べられただけでは褒めません。最初のうちはできないかもしれませんが、お母さんが褒めてくれるまで、どこにコップを置いたらいいのか試行錯誤するでしょう。そして、3点目のお箸も同様に行います。3点が正しく配膳できたら、すかさず褒めましょう。

　このように、分化強化によって、階段を1段ずつ登るように、最終的な目標に近づけていく手続きを**スモールステップの原理**といい、最終目標に到達するまでを**行動形成（シェイピング）**といいます。

第2章　Q&Aで学ぶ　学校・家庭で身につく適応行動のステップアップ

8 嫌なこと、不快なことへの対処法を身につけるためには

代わりとなる適応行動を身につけ、自ら対処できるように

8-1

　特別支援学校小学部3学年に在籍するふみちゃんは、中程度の知的障害のある自閉症の女の子です。いくつか要求のためのサインを使用することができますが、無発語で自分の気持ちを伝えるのは上手ではありません。

　嫌なこと、不快なことを伝えるのはまだ難しく、泣いたり、かんしゃくを起こしたりすることもあります。

Question!!

感覚過敏のあるふみちゃんは、靴下がずり落ちているのが不快なようです。以前は、足首のむずむずした感覚が嫌で泣いていることが多かったですが、最近では靴下がずり落ちると、すぐに脱ぎ捨ててしまいます。お母さんはどのように対応したらいいでしょうか？

Choices

㋐ むずむずした感覚にはいつか慣れるはずなので、今は靴下を履かせないことにする。

㋑ 靴下がずり落ちたら、自分で引き上げられるよう練習させる。

㋒ むずむずした感覚に早く慣れるよう、靴下がずり落ちたまま脱がないように声かけをする。

| ⑧-1 | ⑧-2 | ⑧-3 | ⑧-4 |

Answer

不快なことに直面したときは、
適応行動を身につけるチャンス！

　ある行動を起こすことによって、不快な状況を避けることができれば、その行動は本人にとってメリットの大きい行動です。しかも、それが不適切な方法ではなく、社会的に容認できる適切な方法で行うことができれば、適応行動として本人の生きる力になります。

　「焼肉をして部屋が煙たくなったら、窓を開ける」「蚊に刺されたら、かゆみ止めを塗る」といった、我々が自然としている行動もこれと同様です。煙たい部屋をそのままにして居続けることも、誰彼かまわず不満をぶつけることも適応的とはいえません。不快なことに出会ったときは適応行動を教えるチャンスととらえ、具体的な解決方法を教えましょう。

　アのように、不快な状況を完全に取り去ってしまえば、確かに、不適切な行動は起こらないかもしれません。しかしながら、同時に適応行動を身につけるチャンスも逸してしまいます。大人が先回りして、不快な状況を取り去り続けるのは不可能であり、適応的な行動を教えるのが好ましいでしょう。

　同年齢の多くの子どもたちは全く気にしないのだから、すぐに慣れるはず。慣れてしまえば、そもそも問題にはならないはず。このように考えて、**イ**のような対応をする保護者や支援者も少なからずいます。確かに、多くの人たちにとっては、ほとんど気になるようなことではないかもしれませんし、慣れれば問題とはならないでしょう。

　しかし、現に本人は不快感を抱いているのです。それを無視するかのように強引に対応することで、今は泣く程度で済んでいる行動が、より重篤な問題を抱える行動にエスカレートするかもしれません。泣くという行動は、本人の言葉にならないメッセージであるといえます。このメッセージに寄り添った支援は、本人の気持ちを尊重することでもあります。

Best Answer ......▶ **ア**

第2章　Q&Aで学ぶ　学校・家庭で身につく適応行動のステップアップ

> 代わりとなる適応行動を身につけ、
> 自ら対処できるように

⑧-2

　子育ての本を何冊か読んでいるふみちゃんのお母さんは、どの本にも書いてあった「褒めて良いところを伸ばす」ことを実践しようとしています。実際に、ふみちゃんが買い物のときに荷物を持ってくれたり、上手に靴の紐を結べたりしたときなど、めったにしないことに関しては大いに褒めています。

　しかしながら、毎日の宿題に関しては、ふみちゃんがなかなか取り組もうとしないので、いつもガミガミうるさく言ってしまいます。お母さんが小言を言い始めると、ふみちゃんはしぶしぶと宿題に取り組み始めます。

Question!!

お母さんは、ふみちゃんが自ら宿題を取り組むことに対して褒めたいと思っていますが、待っていてもふみちゃんが始めようとしないので、ついつい小言を言ってしまいます。一方、ガミガミ言えば、しぶしぶでもふみちゃんは宿題をやるので、「今は仕方ないかな」とも思っています。ふみちゃんのお母さんは、どうしたらいいのでしょう。

Choices

㋐ 現状でも宿題をすることができているし、そのうち自分からやるようになるので、このままでよい。

㋑ 自分から取り組むまで声をかけずに待ち続け、宿題に取り組んだら大いに褒める。取り組まなければ、そのまま学校に行かせる。

㋒ 「夕食の前」など宿題をする時間を決め、最初の1問をお母さんと一緒に解くようにする。宿題に取り組んだら大いに褒める。

82

自発的に取り組むようになるには、褒めることから

　確かに、現状のままでもふみちゃんは宿題をこなすことはできています。これは例えば、埃っぽい部屋に入ったときに窓を開ける行動と同様の動機によって維持されているといえます。すなわち、宿題をすることによって、お母さんの小言を避けることができるということです。これは一見すると、ふみちゃんにとってメリットのある行動です。

　しかし、そもそも埃っぽい部屋に自ら入りたいと思うでしょうか。やむを得ない状況で、その部屋に入ったときに仕方なく窓を開けるだけで、できることならその部屋に入ることを避けようとするはずです。⑦の対応のようにガミガミと小言を続けていれば、宿題をこなすことはできますが、勉強自体を嫌いになって避けるようになるかもしれません。

　毎日のことや、やって当たり前と大人が思っていることに対しては、なかなか褒めないものです。子どもが宿題に取り組んだことに安心して、そこで関わりをやめるのではなく、宿題に取り組んだことに対して大いに褒めましょう。**自ら取り組むようになるには、行動した後に、本人にとって好ましい結果が起こる必要があります。**

行動を起こしやすくするきっかけを工夫する

　そうはいっても、宿題に取り組んでくれなくては、褒める機会もありません。⑦の対応では、自ら宿題に取り組むまでに時間がかかってしまうかもしれません。これまでほとんど自分から行わなかった行動を教えるときには、⑦のように、行動が起きやすくなるためのきっかけに関する工夫が有効です。入り口のハードルをグッと下げるイメージです。

　安定して取り組めるようになってきたら、一緒に解いていた最初の問題を見守るだけにするなど、段階的にお母さんの手助けを少なくしていきます。もちろん、取り組んだ後にたくさん褒めることを忘れずに。

Best Answer……▶ ⑦

第2章　Q&Aで学ぶ　学校・家庭で身につく適応行動のステップアップ

> 代わりとなる適応行動を身につけ、
> 自ら対処できるように

8-3

　お母さんと一緒に、最初の問題から取りかかり始めたふみちゃんは、自ら宿題に取り組むことが増えてきました。お母さんも自然と褒めることができるようになり、ふみちゃんと宿題をする時間が、少し楽しみになってきました。

　そんなある日、学校の先生からの連絡帳に、音楽の時間に突然泣き出し、自分の頭や顔をたたく自傷にエスカレートしてしまったと書かれてありました。これまでにも体育の時間や運動会の前など、同じようなことが繰り返されてきました。どうやら、太鼓などの大きな音が苦手なようです。自傷行動が起きると、担任の先生はカームダウンルームに連れて行きます。先生と一緒に、部屋で20分ほど過ごすと落ち着いて、また授業に戻ります。このような対応を入学当初から続けています。

Question!!

担任の先生は、このような対応でいいのか迷っているようです。どのように対応するのがいいでしょう？

Choices

- ㋐ 太鼓を使う授業は、参加しなくていいことにする。

- ㋑ そのまま授業に参加させる。我慢して参加できたら、大いに褒める。

- ㋒ 授業において、太鼓は大きな音が出ないもので代替する。代替のものがみつからなければ、ふみちゃんに耳栓をしてもらうなど、ふみちゃんが授業に参加することを保障する。

| ⑧-1 | ⑧-2 | ⑧-3 | ⑧-4 |

Answer

活動参加を第一に

これまでみてきた行動と同様に、音楽や体育の場面でふみちゃんが泣いたり顔をたたいたりする行動も、大きな音という嫌なことを避けることで維持されているようです。こうした感覚的に嫌な刺激は、我慢しなさいと言われても我慢できるものではありません。

カームダウンルームは、どうしても興奮してしまう刺激から一時的に離れるなど、使い方によっては有効なものです。しかし、泣いたり、自傷をすることによってカームダウンルームに行くということを繰り返していると、「授業を受けたくなければ、泣いて自傷すればいい」ということを学習してしまいます。

また、嫌なことがわかっているからといって、太鼓を使う授業に参加しなくてよいとすると、子どもの学習権を奪うことになりかねません。こうして、**嫌なことに何ら手を加えずに無条件で参加しなくてよいことにすると、嫌なことが多い子どもたちは、どんどん社会参加ができなくなってしまいます。**

子どもにとって有益であると考えられる活動からは、極力引き離さず、活動参加を第一に優先しましょう。音楽や体育といった場面や、大きな音といった行動に影響を与える要因は特定されていますから、たとえば「音楽に合わせてリズムを取る」という目的であれば、大きな音が出る太鼓でなく、もっと小さい音の楽器で代用可能なはずです。

また、耳栓やイヤーマフなど、嫌悪性を緩和する工夫をすることで参加を促すことも有効です。

好ましくない循環を断ち切ろう！

「授業に参加しなくてもいい」といった対応など、嫌なことがその場からなくなる方法をとるだけでは、根本的な解決にはなりません。本来、**子どもがその場で行うべきことができていない原因を探り、その原因を解消するための方法をみつけることが必要です。**

Best Answer ······▶ ⑦

第2章　Q&Aで学ぶ　学校・家庭で身につく適応行動のステップアップ

> 代わりとなる適応行動を身につけ、
> 自ら対処できるように

8-4

　音楽と体育では、先生が活動を工夫してくれたおかげで、自傷行動にまで至ることはなく、活動にもほぼ参加できるようになりました。しかし、聴覚過敏のあるふみちゃんは、音楽や体育だけでなく、他の活動でも不安定になり、自傷行動に至ることもしばしばあります。音楽や体育のように特定の活動で起こるというわけではなく、体調など他の要因も影響しているようです。

Question!!

不特定の活動でしばしば起こる、泣きや自傷行動に、先生はどのように対応したらいいでしょうか。

Choices

㋐ これまで不安定になった場面をすべて分析して、不安定になる要因をなくす。

㋑ 「うるさい！　嫌だ！」という自分の気持ちを表出する手段を教える。

㋒ 不安定にならずに活動に参加できたら、大いに褒める。

| | ⑧−1 | ⑧−2 | ⑧−3 | **⑧−4** |

Answer

問題となる行動には、その代わりとなる行動を

　ふみちゃんは、太鼓以外の突発的な大きな音にも過敏に反応してしまうようです。❼のように可能性のある場面をすべて改善するのは難しそうです。そこで、ちょっと違った視点からのアプローチを考えてみましょう。

　ふみちゃんが泣いたり自傷行動したりするのは、「うるさいよ！　私は嫌なの！」という意味です。**今できるサインを使って、こうした自らの訴えたいことを伝えられるように指導したいものです。**サインをしたことによって、音量が小さくなったり、音源から離れることができれば、ふみちゃんは泣いたり自傷する前にこのサインを使うはずです。本人自ら、適切な手段で周りの環境を変えていくのも大切なスキルです。

代わりとなる行動は、すぐにできることを

　代わりとなる行動を教えようとして、見本を示したり待っていたりする間に、問題となる行動が激しくなって、結局元通りになってしまう失敗はよくあることです。代わりとなる行動は、より容易でより効果的でなくてはなりません。すなわち、既に獲得している行動で、その行動に対してすぐに周りの大人が対応できる状況を作ることが肝要です。

　ふみちゃんは二語文以上のサインを使うことができましたが、まずはすでに獲得している"手のひらを耳に当てる"サインに置き換えることにしました。より多くの人たちに伝わるようにサインを複雑にしていくのは、それが十分にできるようになってからです。

Best Answer⋯⋯▶ ❼

　先生は、すでにふみちゃんが不快に思うことがわかっている太鼓を用意した時点で、ふみちゃんに"手のひらを耳に当てる"サインを促すことから指導していきました。そして、サインができたら、太鼓の音は少し小さくするということを繰り返しました。次は運動会で使うピストル、体操の時間の笛といったように音の出る物を見せながら、ふみちゃんがサインをする機会を広げていきました。まだまだ、嫌な音の出る物をふみちゃんが見逃すことによって、突然自傷が始まることもありますが、少しずつサインで伝えることが多くなってきました。

第2章　Q&Aで学ぶ　学校・家庭で身につく適応行動のステップアップ

こんなケースの場合は??

Question!! ▶　ふみちゃんと同じ学年に、ふみちゃんと似たような行動をする自閉症の男の子がいます。その男の子も、授業中に泣いたり自傷したりします。カームダウンルームで先生が1対1で様子をみて、落ち着いたら教室に戻すという対応をしていました。

　授業中、何か嫌なことがあるのだろうと、ふみちゃんのケースと同じように活動の工夫をして「嫌だ」ということを伝える手段や、先生に手助けを求める手段を教えることにしました。すると、先生に「嫌だ」と伝えたあとしばらくは、泣いたり自傷したりすることがなくなりますが、全体的な頻度に変化がありません。どのように対応したらいいでしょうか？

Answer ▶

子どもの行動の理由はさまざま

　ふみちゃんと似たような行動をするからといって、その理由まで同じとは限りません。むしろ、10人10通りの理由があると考える方が妥当でしょう。これがまさに、個人個人の子どもの気持ちを尊重していることになります。

　この男の子は、授業の何かが嫌だったのではなく、カームダウンルームで先生が1対1で相手をしてくれることを望んでいたようです。代わりとなる表出手段を教えているときは、先生が1対1で対応してくれているので、一時だけ泣いたり自傷したりする行動が収まっていたのです。良かれと思って行っていた支援が、逆に子どもの行動を強めてしまう結果となることはよくある失敗です。

　子どもの行動の理由を把握するには、**どんな状況で、どんな出来事をきっかけとして起こったのか、またその行動に対してどんな対応をしているのかといったことを、観察・記録・分析することが必要**です。行動の見た目や印象にとらわれず、行動の理由に沿った支援をすることが肝要です。

88

まとめ・用語解説
負の強化

●負の強化とは

嫌いなものや不快な状況をある行動で避けることができると、同じような状況に直面したときにその行動が起こりやすくなります。このように、その人にとって好ましくない刺激を避けることで、その行動の生起頻度が増えることを負の強化といいます。

ふみちゃんの行っていたかんしゃくや泣き、自傷行動は、どれもこの負の強化に関係するものでした。負の強化によって、我々は不安なことや危険なことを避ける方法を学習していきます。たとえば、雨が降ってきたら傘をさす、刺さったトゲをピンセットで抜くといったものも、負の強化で維持されている行動です。

ちなみに、"負"という言葉の語感からか、負の強化を「問題となる行動を学習してしまうこと」と勘違いする人がいます。あくまで、好ましい刺激が出現することで行動が維持される正の強化の対となる概念として、**好ましくない刺激が消失することで行動が維持される原理のこと**を指しています。

●負の強化の適用は慎重に

確かに、我々は負の強化によって重要なスキルを学習することができます。しかし、親や教師は子どもを支援する際に、この原理を使用することには慎重になるべきです。特定の行動を起こさせるために、対象となる人の嫌がる刺激を提示することが前提の方法だからです。意図的にこのような方法をとることは非倫理的であるとともに、さまざまなデメリットが想定されます。

第一に、**自発的な行動が育ちにくい**ということです。負の強化では、対象の行動は好ましくない刺激を避けることで維持されています。好ましくない刺激がない状況では、対象の行動は起こりにくくなります。いわゆる「うるさく言う人がいればやるけど、いないとやらない」という状況に陥りやすくなります。やはり、自発的に行動するようになるには、それをすると褒められたり達成感が得られたりできるように工夫をするべきでしょう。

第二に、**好ましくない刺激を多用すると、それに関係するものまで嫌いになってしまう**可能性があります。ガミガミとうるさく言って勉強をさせていると、「勉強嫌い！」「学校嫌い！」「先生嫌い！」となりかねません。勉強の場面以外にも悪影響が及ぶ様が容易に想像できるでしょう。

第2章　Q&Aで学ぶ　学校・家庭で身につく適応行動のステップアップ

指導すればするほど、ますます抵抗が強くなる場合には

望ましくない行動に振り回されず
自らやってみようを育てる

9−1

　りょうが君は、お母さんのことが大好きな5歳の男の子です。右手に軽い麻痺があり、全体的な発達がゆっくりです。

　お話はできませんが、手足が動かないわけではありません。5歳になって地域の障害児通園施設に通うことになり、はじめての集団生活を過ごすことになりました。通園施設に通い始めて数日たったある日、通園施設の担任の先生から、「りょうが君は、靴を履くことや洋服の着替えが1人でできないようですが、お家ではどうしていますか」と尋ねられました。

　先生からの問いかけに対して、お母さんはこれまでりょうが君のできないことに対して「やってあげることが多かったな」と気づきました。着替えも靴を履くことも、スプーンを使った食事、歯磨き、洗顔に至るまで、りょうが君が1人でできないことは、生活のなかで山ほどあります。「せっかく園に通い始めたので、園でも同時にできることから教えていこう」と決心したお母さんです。

Question!!

さて、あなたがお母さんだったら、何から教えていきますか？

Choices

㋐ この際だから、着替えと靴を履くこと、スプーンを使った食事と園でも行うことで、今できないことをすべて教える。

㋑ 本人が1人でやりたがることから始める。

㋒ お母さんが一番教えやすいことから始める。

| 9-1 | 9-2 | 9-3 |

Answer

教えやすいことから少しずつ始める

　障害のある子どもたちに教えたいことはたくさんあります。しかし、⑦のようにいきなり多くのことを教え始めると子どもは混乱してしまうかもしれません。これまで、お母さんにやってもらっていたことを全部教えられると、子どもは大きな負担を感じます。お母さんにとっても、これまでやってあげていたことを「すべて教えてください」と言われたら、どこから始めればいいのかわからないでしょう。何一つ子どもが獲得しないまま、時間だけが過ぎていくことになりそうです。子どもに対する指導目標を決めるときには、優先順位をつけて、1つか多くて2つくらいに絞っていくといいでしょう。

　優先順位のつけかたとして、⑦のように大人の都合を優先していくのも大切なポイントです。お母さんが教えやすいことには、お母さんの**時間的な余裕があるときに教えられることや完遂するまでの工程が少ないことが含まれる**でしょう。ですから、食事などお母さんがりょうが君にかかわる以外でやることが多い時間帯は、教える側の負担が大きくなります。

日常で練習する機会が多い行動に取り組む

　お母さんが自分の動きを考えながら、かつ今のりょうが君が少しがんばればできそうなことに取り組むことを目標にすると、達成するまでの見通しが立ちます。しかし、これまでお母さんがりょうが君にはできないとして、最初からすべての工程に手を貸していたとしたら、何が今のりょうが君にできそうか判断するのは難しそうです。

　例えば、りょうが君がやりたがるように、大好きなキャラクターのついた靴下を履くといったことが、最初の目標としては取り組みやすいでしょう（⑦）。靴下は、朝の着替えで履かなければいけませんし、園から帰るときにも履く機会があります。園でお散歩や園庭で遊ぶ時には脱いでいた靴下を履きます。このように、**たくさんの指導機会が保障されることを目標にすると、短期間で達成します**。

Best Answer ……▶ ⑦⑦

第2章　Q&Aで学ぶ　学校・家庭で身につく適応行動のステップアップ

> 望ましくない行動に振り回されず
> 自らやってみようを育てる

❾-2

　お母さんは、りょうが君の大好きな機関車の靴下をいくつか買ってきました。りょうが君に見せると、ニコニコ笑って、靴下をもらおうと手を伸ばしました。これはいいチャンスだと、お母さんは「履いてみようか」とりょうが君に靴下を自分で履くように促しました。

　すると、りょうが君はいつものように足をお母さんに突き出して、そのままの姿勢で待っています。靴下を持とうともしません。ここで、いつものように履かせてくれるのを待っているだけのりょうが君に、手を貸してしまっては、せっかく練習しようと思ったのに元も子もないと思ったお母さんは、「自分で履いて」とりょうが君に靴下を渡してそのまま様子をみました。

　すると、いつまでたっても大好きな機関車の靴下を履かせてくれないお母さんのおなかに向けて、りょうが君はさらに足をずんと突き出しました。「痛い」と思わず叫んだお母さんに対して、りょうが君はさらに足をずんずん突き出します。まるで、蹴られているようです。そのうち、りょうが君は、大きな声を出しながら泣き出しました。

Question!!

これまでできないことがあると、お母さんにされるがままにしてもらっていたりょうが君が、これほど感情をあらわにして怒ることはめったにありませんでした。そうしたりょうが君の様子に、お母さんはびっくりしてしまいました。
さて、怒っているりょうが君に対して、あなたがお母さんだったら、どのような態度をとりますか？

Choices

㋐ 最初が肝心なので「やめなさい」と厳しく叱って、やってほしくないことをやめさせる。

㋑「そんなに1人でやることが嫌なら、今、何かを教える時期ではないのだろう」と判断して、自分で靴下を履かせることをいったんあきらめる。

㋒ 蹴られないように、靴下をりょうが君の前において、少し離れた場所から様子を見守る。

Answer

自分の思いを通そうとより激しい行動をとることも

　これまで、靴下を履く時にりょうが君がとっていた行動は、「足を突き出す」というものでした。足を突き出していれば、お母さんが靴下を履かせてくれて、出かける準備が1つ整っていました。

　ところが、「靴下を自分で履く」という目標を決めたお母さんは、これまでと同じ足を突き出すというりょうが君の靴下を履くときの行動に対して、いつまでたっても靴下を履かせてくれません。ましてや、大好きな機関車の靴下を早く履きたくてたまらないりょうが君です。なんとか、いつものようにお母さんに履かせてほしいととった行動は、これまでの行動をさらに激しくしたものでした。

　ここで**イ**のように、「今は無理なんだ、りょうがの希望通りに履かせてあげよう」とばかりに、おなかを蹴られて、泣かれたまま、りょうが君の希望をかなえてあげると、りょうが君は「なんだ、お母さんはおなかにずんずん足を突き出して、大きな声で泣けば大好きな機関車の靴下を履かせてくれるんだ」と勘違いをしてしまいます。そうなると、この後靴下を履かせようとすると、いつでもりょうが君は、お母さんのおなかを蹴るように足をずんずん突き出して、大声で叫ぶでしょう。

　また、お母さんが**ア**のように感情に任せて、厳しく叱ったとしてもりょうが君は、決して靴下を履いてはくれません。お母さんの厳しい叱り声や怖い表情に、さらに行動がエスカレートする可能性もあります。少し冷たい対応にみえるかもしれませんが、ここは**ウ**のように、これ以上りょうが君に蹴飛ばすことをさせないように、離れて様子をみることにしましょう。

Best Answer ⋯⋯▶ **ウ**

第2章　Q&Aで学ぶ　学校・家庭で身につく適応行動のステップアップ

> 望ましくない行動に振り回されず
> 自らやってみようを育てる

9—3

　お母さんは心を鬼にして、泣いているりょうが君をその場においで、りょうが君からすぐに自分の姿が見えない位置まで黙って離れることにしました。大声を出しながら泣いていたりょうが君ですが、5分もたたないうちに、靴下を手に持ちました。大好きな機関車が見えるように目の前に持ってきてみたり、足の上に乗せたりしています。これまで、自分から靴下を持つといった行動は全くなかったので、お母さんは少しびっくりしました。

Question!!

まだしゃくりしながら、それでも大声を出すことをやめて、靴下を持ってなんとかしようと動き始めたりょうが君に対して、あなたがお母さんだったら何をしますか？

Choices

- ㋐ 静かにりょうが君に近づいて行って、りょうが君が靴下を離さないように手を添えて、一緒につま先を入れてあげる。

- ㋑ このまま自分で何とか履こうとするかもしれないので、様子を見守る。

- ㋒ 離れた場所で、「さあ、靴下を履いてごらん」と声をかける。

9—1　9—2　**9—3**

Answer

新しい行動を教えるタイミング

　これまでりょうが君は、1回も自分で靴下を履いたことがありませんでした。ですから、➐のように見守っていても、➑のように声をかけてもどうしていいのかわからないでしょう。下手に声をかけると、いつも履かせてくれるお母さんの存在を思い出し、また大声で泣き始めるかもしれません。

　大声で泣くことをやめたりょうが君は、大好きな機関車の靴下を何とか履きたいという気持ちが強かったのでしょう。これまで自分から靴下を持つという行動を全くしなかったりょうが君が、自分で手に持ち、足の上まで持っていくことができました。**今のりょうが君にできる、精一杯の行動かもしれません。**

　ここが新しい行動を教えるチャンスです。そうっと近づいて行って、りょうが君が靴下を離さないように手を添えて、つま先を入れてあげましょう。その後、できれば添えた手を離さずに一気にかかとを入れてあげます。後は、引っ張り上げるだけですから、手をそっと放してあげてもいいでしょう。引っ張り上げるかどうかは、りょうが君に任せます。

　たとえ、引っ張り上げなかったとしても「1人で履けたね。機関車の顔が見えるようになったね」と声をかけながら、頭をなでてあげましょう。

Best Answer……▶ ➐

　お母さんは、家でりょうが君が機関車の靴下を自分から持ったことを園に行って話しました。それを聞いた先生も、「園でも同じように、りょうが君が自分から靴下を持ったら、手を添えて履かせてみますね」と、言ってくれました。1週間すると、りょうが君は靴下をそのままつま先まで持っていくことができました。お母さんも先生もその様子を静かに見守っています。そして、数日たったある日、お迎えに来たお母さんの見守るなか、靴下につま先が入った瞬間、りょうが君は「どうだ」とばかりお母さんの顔を見上げて、ニコッと笑いました。

第2章　Q&Aで学ぶ　学校・家庭で身につく適応行動のステップアップ

こんなケースの場合は **??**

Question!! ⫸　　りょうが君の場合は、「靴下を持つ」「つま先まで持っていく」「靴下につま先を入れる」と順調にその工程を踏んでいくことができました。

　　しかし、りょうが君のように順調に新しいことができるようになるばかりではなく、お母さんにやってもらっていたときのことを思い出したかのように、以前と同じ行動が復活することがあります。以前と同じ行動が起こってきたときに、どのように対応したらいいでしょうか？

Answer ⫸　　　　### 子どもの行動の理由はさまざま

　　せっかく、順調に1つずつできるようになっていたのに、突然、以前のできないころのような行動が復活することはよくあることです。まるで、子どもが「前はやってくれたでしょ。もう、そろそろ前と同じようにやってくれてもいいんじゃない？」と、大人を試しているかのようです。あるいは、**教え始めたころの大人は、意識的にできるようになった子どもをたくさん褒めていたのに、できるようになったことで褒める量や注目する量が減っていることが原因**かもしれません。

　　この場合も「たまにはやってあげてもいいか」と以前のようにやってあげると、子どもの方は「なんだ、やっぱりやってくれるんじゃん」と、簡単に以前の行動に戻ってしまいます。

　　そこで、褒める量や注目する量を最初のころに戻して、「もう、できるようになったもんね。すごいよね」と言いながら、子どもが今できるようになっていることを行うまで見守りましょう。そして、子どもがしぶしぶでも動き出したら「すごいね。できるようになったね」とたくさん褒めてあげましょう。

まとめ・用語解説
消去バースト

●自分なりにできる行動のレパートリーを引き出す

　これまで強化され続けた行動に対して、強化子の呈示をやめてしまうと、いずれその行動は起こらなくなっていきます。この操作のことを消去と呼びます。りょうが君の場合には、これまで足を突き出すという行動に対して、お母さんが靴下を履かせるという強化子を呈示していました。しかし、お母さんは、りょうが君がいくら足を突き出しても靴下を履かせることをやめる消去を行いました。ここで、りょうが君は、今までの足を突き出すという行動を頻発させ、さらにずんずんとお母さんのおなかの方まで伸ばしていきます。このように、強化子の呈示がなされなくなる消去に対して、これまでの行動の頻度や強度が増すことを消去バーストといいます。

　ときに、りょうが君の大声で泣くといった行動のように、これまでなかったやってほしくない行動が、突然出現することもあります。**その激しさに躊躇し、「せっかく何とかしようと思ったのに、この方法ではだめなのかもしれない」と強化子の呈示を再開してしまうと、子どもたちは新しく行った激しい行動で強化子を獲得できるのだと誤学習してしまいます。**子どもたちの行動が激しさを増さないように、その場を離れたり、静かに見守るという姿勢で、激しい行動が収まるまで待ちましょう。

　消去を行うと、なんとか強化子を得ようとして、自分なりに今できる行動レパートリーのなかからいくつかの行動を試し始める場合もあります。りょうが君の場合は、靴下を履かせてくれるという強化子を呈示するお母さんが目の前からいなくなったことをきっかけに、「大好きな機関車の靴下を履きたい」という欲求が強まります。そこで、「靴下を持つ」「靴下を足の上に乗せる」といった行動が自発的に起こってきました。課題を遂行させるうえで、望ましい行動が生起してきたら強化するチャンスです。

　「以前の行動が再開する」という自発的回復が起こることもあります。この自発的回復においても、引き続き消去を行っていくことが必要です。

第2章　Q&Aで学ぶ　学校・家庭で身につく適応行動のステップアップ

10 失敗を避けようとする完璧主義者には

▼

つまずいているところを見極め、スモールステップで

10-1

　いちた君は、特別支援学級に通う中学1年生の男の子です。アスペルガー症候群の診断を受けています。間違ったことやいい加減なことが嫌いな完璧主義です。学校では、そんないちた君に係活動を任せると一生懸命取り組むため、「頼りになるなー」と担任の先生からよく褒められています。いちた君は、褒められるとニコニコうれしそうな表情をしていました。

　ある日、お母さんが学校の授業参観に行くと、いちた君は給食で使う布巾をたたんで片づけることを係活動として取り組んでいました。お母さんは早速、おうちでも洗濯物をたたむお手伝いをしてもらうことを提案すると、いちた君は快く引き受けました。しかし、いちた君は、布巾やタオルと違って、Tシャツをたたむと形が崩れてしまうことが気になり、何度もやり直しをしていました。そんな日々が続くにつれて、いちた君はお手伝いをすることを嫌がるようになってしまいました。

Question!!

学校と同様にお手伝いをしてもらうには、どのようなはたらきかけが必要でしょうか？

Choices

⑦ Tシャツをたたむ練習を繰り返し、お母さんと一緒に行う。

④ お手伝い自体を嫌がってしまったので、しばらく様子をみる。

⑦ いちた君が得意な布巾やタオルをたたむことのみ、お手伝いをお願いする。1つたたむごとに、お母さんは笑顔で「ありがとう、お母さん、助かるよ」と伝える。

Answer

イライラを回避したいという本人の気持ち

　完璧主義のいちた君は、Tシャツをうまくたためないことにいら立ってしまいます。そのイライラのもとから、自ら回避しようとしてお手伝いをやめたがっているのでしょう。

　❼のように、お母さんがついていようとしてもこの段階ではすでにうまくいかないことがわかっていますから、いちた君は一緒にやることを拒否するでしょう。❶のように、うまくいかなかった状態の子どもの様子をしばらくみるのはよくある方法です。しかし、いちた君自身はできなかったことに傷ついています。お母さんのお手伝いをして役に立とうと思っていた気持ちも報われなくなってしまいます。それに、様子をみるという名のもとにそのままやらずに済ませてしまうと、子どもたちにとってはできた経験にならないばかりか、できなかった体験がそのまま残ってしまいます。

1人でできる課題に戻すことで、達成感を味わう

　布巾やタオルをたたむこととTシャツをたたむこと、同じ洗濯物をたたむことですが、その難易度は違います。まずは、Tシャツをたためるようになることよりも、お母さんのお手伝いをすることを重視しましょう。

　そのために、**1人ですでにできる課題に戻し、お手伝いをするとお母さんに感謝されるという体験を重ねていきます**。すでに学校ではできる課題ですから、きっといちた君は自信をもって取り組むことができます。

　いちた君がタオルや布巾を1枚たたみ終わるごとに感謝の気持ちを伝えていくと、その回数は増えていきます。すべてをたたみ終わってから、1回「ありがとう」と言うよりも、たくさんの「ありがとう」を言われた方が、「僕、役に立っているんだね」という気持ちを強くもてるようになるでしょう。

Best Answer ……▶ ❼

第2章　Q&Aで学ぶ　学校・家庭で身につく適応行動のステップアップ

> つまずいているところを見極め、
> スモールステップで

⑩ーー2

　手伝いを嫌がっていたいちた君でしたが、得意な布巾たたみをすることでお母さんに「ありがとう」と言ってもらえるのがうれしくて、一生懸命取り組むようになりました。
　お母さんは、布巾だけでなく他の洗濯物もたためるようになってほしいと考えました。

Question!!

1回失敗したTシャツたたみに再挑戦させたいお母さん。さて、あなたならどう教えますか。

Choices

㋐　お母さんがいちた君の隣で手本を示しながら、一緒にTシャツをたたむことで手順を覚えてもらう。

㋑　お母さんがたたんだTシャツを片づけることからはじめる。

㋒　お母さんがいちた君に手を添えて、一緒にTシャツをたたむことで手順を覚えてもらう。

Answer

できるところからはじめ、達成していく

　一口に T シャツをたたむといっても、いくつかのステップから成り立っています。たとえば、①裏にする、②右腕をたたむ、③左腕をたたむ、④裾を持ち上げて半分に折る、⑤たたんだ T シャツを片づけるといった具合です。いちた君は、②～④の工程のいずれもうまくいかずにつまずいていました。せっかく、お手伝いに一生懸命取り組み始めたので、ここでまた失敗を繰り返させてしまうのはかわいそうです。ですから、①か⑤のできるところからお願いするとよいでしょう。

　さあ、どこからをお願いするのがよいでしょうか？　①の場合は、最初だけやってあとはお母さんが片づけることになりますので、どうしても自分で取り組んだという感覚をもちにくいでしょう。⑤の場合は、お母さんがたたんでから「お願いね」と言えば、完了のステップを行うことができますので、自分で行ったという達成感を味わうこともできます。

　自分の納得する形でたたむことができないと、やり直しを繰り返してしまういちた君。ですから、❼のようにやり方を見せられても、その通りに行かないことが予想されます。

　❷は、お母さんがいちた君に手を添えることで、持つ場所や折り込む位置など直接伝えることができます。習字の練習や包丁などの扱いも同じような指導を受けることがあるでしょう。ただし、これまでの失敗経験から、たたむこと自体を嫌っているいちた君ですから、まずは、できたことを積み重ねていくことが大切です。

Best Answer ……▶ ❷

第2章　Q&Aで学ぶ　学校・家庭で身につく適応行動のステップアップ

> つまずいているところを見極め、
> スモールステップで

⑩−3

　お手伝いが定着してきたいちた君。お母さんも喜んでいます。そんなある日、学校の宿題に苦戦しているのか、いちた君の部屋の方から、「もう」「わかんなーい」と叫ぶ声が聞こえてきました。お母さんが様子を見に行くと、いちた君は平面図形の面積を算出する宿題に四苦八苦しているようです。

　全部で5問。たとえば、半径5cmの円のなかに正方形がある図形で、色のついている部分の面積を求めなさいといった問題です。何度も消しては書いてを繰り返して、すでにノートは半分破れたような状態です。このままだと宿題を終えられず、またそうした自分を許せなくて、かんしゃくを起こしてしまいそうです。

Question!!

あなたが今のいちた君の様子をみたら、どうしますか？

Choices

㋐　自分で解決するしかないので、放っておく。

㋑　答えを書いた紙を見せて、写すように言う。

㋒　解き方の手順を一つひとつ示す。

Answer

苦手なことにも、本人のプライドを尊重して取り組ませる

　いちた君は、数学の計算は得意ですが、何段階かの手続きを踏まなければいけないような問題や複雑な文章題、図形を使った問題はどちらかというと苦労しています。それでも、いちた君のなかに「宿題に出されたことをやらない」という選択はありません。⑦のように放っておいても、できないけどやらなければいけないといった葛藤のなか、自分で解決できそうもありません。⑦のように、答えを見せてしまうことは、きっといちた君のプライドを傷つけてしまうでしょう。

　なんとか、解き方を教えて自分で解いてもらうしかないようです。

一つひとつのステップごとに学習していく

　Tシャツたたみと同じように、学習においても、1つの正解を導き出すまでには、いくつかのステップを踏みます。この問題だと、①補助線を引く、②円の面積を求める、③三角形の面積を求めて4倍する、④円の面積から三角形4つ分（正方形）の面積を引く、といった順番を呈示します。

　計算は得意ですし、面積を求める公式はわかっているいちた君ですから、手順だけわかればあとは1人で解けるでしょう。

Best Answer……▶ ⑦

かんしゃくを起こす寸前だったいちた君は、お母さんが提案した手順を半分にらみながら見ていましたが、手順に従って自分で解いていくことで、「大きい方から小さいのを引けばいいんだ」とコツをつかんだようです。1問目の答えが出たころには、2問目、3問目と自分で最初に手順を作って、「これで、できるかな？」とお母さんに聞いていました。何より、宿題を完成できたことがうれしい様子のいちた君でした。

第2章　Q&Aで学ぶ　学校・家庭で身につく適応行動のステップアップ

こんなケースの場合は？？

Question!!　お母さんは、いちた君にまずTシャツの片づけを頼みました。これは、いちた君にとって失敗せずにすむ簡単なことでした。しかし、実際にTシャツをたたむ②〜④の工程はうまくできないことを経験しているために、いちた君にどう教えたらいいか、お母さんはその方法を考えあぐねていました。さて、どのようにすればいいでしょうか？

Answer　　　　　完成すること自体が強化子

　いちた君にすべての工程を獲得してほしいのですが、本人が納得する基準があります。その基準に到達できなければ、何回もやり直しをしてしまいます。本人の基準ではなく客観的な基準を設定すれば、それにあっているかどうか明確になります。

　しかし、Tシャツの場合、どことどこを合わせるのか、マジック等で目印をつけるわけにはいきません。ここは便利グッズを使いましょう。市販の洋服たたみボードを利用したり、段ボールなどを使ってボードをつくってしまいましょう。たたむときに、ボードとTシャツがずれないためにはどうするか、コツを教えることも大切です。

　いちた君のように、完璧にやらないと気が済まない子に対しては、何より、完成すること自体が強化子になります。いかに、簡単に強化子にたどり着けるか、あるいは、どれが強化子（＝完成）なのかを明確にしてあげることが大切です。

〈洋服たたみボードの例〉

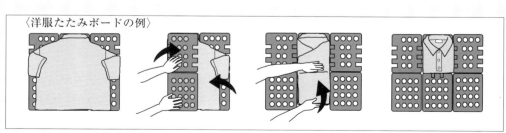

まとめ・用語解説

行動連鎖

●細かいステップで習得状況がわかる

　私たちの行動のなかには、いくつかのステップを踏んでいくことによって完成するものがあります。いちた君が行った「布巾やTシャツをたたむ」「数学の問題を解く」という一口で言えてしまうことも、いくつかのステップに分けることができます。

　このステップのことを行動要素といい、行動要素を系統的に行っていくことを行動連鎖といいます。また、細かいステップに分けることを課題分析といいます。課題分析した順番に行っていくと、その課題・活動が完遂できること、またなるべく細かい行動要素に分けられていること、この2つが課題分析の原則です。

　課題分析をすることによって、**一見すると「できない」と思われている子どもの行動でも、その行動要素のいくつかはできている、もう少しでできそうだ、これはまだ難しいといったようにその習得段階に差がある**ことがわかります。こうしてつまずきポイントがわかると、支援者は支援を絞り、具体的な方法を考えていくことができます。

　課題分析した行動要素のすべてにつまずきがみられたときは、どこから教えていくのか判断しなければいけません。新しい行動連鎖を形成する方法として、順行チェイニング、逆行チェイニング、全課題提示法があります。

　順行チェイニングは、連鎖の一番目の行動要素が達成できるように教えることから始めます。それ以降は、支援者が手助けをします。1番目の行動要素を獲得できたら、2番目を教える、という順番で連鎖を完成に近づけます。逆行チェイニングはその逆で、連鎖の最後の行動要素のみを教えることから始めます。全課題呈示法は、行動要素の最初から最後までを同時に教えていきます。いちた君の平面図形の解き方を示した方法は、この全課題呈示法にあたります。

　1つの行動要素が完成すると、その要素は次の要素の手がかりになっていきます。行動要素の連鎖を完成することが、いちた君にとっては何よりの強化子でした。

第2章　Q&Aで学ぶ　学校・家庭で身につく適応行動のステップアップ

自分の持ち物を全く片づけられない場合には

▼

できる方法を自分で選んで、
できた達成感を積み重ねる

11－1

　きすけ君は、この春に小学1年生になった6歳7か月の男の子です。小学校入学当初から、帰宅するといつも、ランドセルは出しっぱなし、洋服も脱ぎっぱなしでした。お母さんは「もう小学生なんだから、きちんと片づけなさい」と叱るものの、家の中が散らかるのが嫌で、つい片づけてあげていました。

　1学期の終わり、お母さんは担任の先生との個人面談で、「きすけ君は、教科書などの忘れ物が多いので、家庭でも気をつけてほしい」と言われてしまいました。さらに、きすけ君のロッカーや引き出しはぐしゃぐしゃで、机の周りにいろいろなものが散乱していることや教室中にきすけ君の持ち物が落ちていることを聞きました。お母さんは、これまで自分が片づけてしまっていたことを反省しつつ、どうしたらいいのだろうと考え始めました。

Question!!

さて、あなたがお母さんだったら、学校から帰って来たきすけ君にどのように片づけを促しますか？

Choices

㋐　「ランドセルは、机の横」「洗濯物は、かごの中」「帽子は、フック」と、きすけ君にわかりやすい言葉で、すべてを片づけられるまでそばで言い続ける。

㋑　まずはランドセルを片づけられるようになることをお母さんが決めて、「毎日ランドセルだけは、片づけようね」ときすけ君に伝える。

㋒　「まずは、何か1つ片づけられるようにがんばろう。何を片づけられる？」と、きすけ君に質問し、片づけるものを自分で決めてもらう。

Answer

まずは１つ、自分で片づける習慣をつける

　帰宅して片づけをする習慣のない子どもには、まずは１つのものを片づけるという経験を積み重ねていくことが重要です。何を片づけるのか決めるとき、子どもに選んでもらうといいでしょう。**自分で選ぶことは、一番片づけやすいものを決めることができるという点で、取り組みやすく、自分で決めたものだから、がんばってみようという「やる気」にもつながります。**

　また、大人が片づけやすいと思う場所と子どもがそう思うところとは、必ずしも同じではありません。そのため、忘れずに片づけることができるかを一緒に考えて、子ども自身に決めさせることも大切です。また、片づける場所に印をつけたり、箱を用意したりするなど、子どもが片づけることができた経験を確実に積み重ねられるように環境を整えることが必要です。

片づけられるまで、言い続けるのはNG！

　㋐のように「ランドセルは、机の横」「洗濯物は、かごの中」「帽子は、フック」など１つずつ指示をすることは、複数の指示を実行することが難しい子どもには効果的な方法です。しかし、「帰宅してから片づけをする」という習慣がまだついていないきすけ君にとって、はじめからすべてを片づけるという目標は高すぎてしまいます。

　また、**すべてを片づけられるまで、何度も言われてしまうようでは、きすけ君が自分で片づけることができたという達成感を感じにくいうえに、「言われなければできない」という状況にもなりやすいです。**これでは、言われ続けるきすけ君も、言い続けるお母さんも疲れてしまい、できるようになる前にあきらめてしまいそうです。

Best Answer……▶ ㋐

107

第2章　Q&Aで学ぶ　学校・家庭で身につく適応行動のステップアップ

> できる方法を自分で選んで、
> できた達成感を積み重ねる

⑪-2

　きすけ君は、「ランドセルを勉強机の横の箱に自分で片づける」と決めました。初日、これまで玄関に放り出されたままだったランドセルを持って、きすけ君は自分の部屋に入っていきました。
　お母さんはあまりにうれしくて、きすけ君にご褒美をあげようと思いました。そして、毎日ご褒美をセットにしたら、ランドセルの片づけが継続するのではないかなー、と思いました。

Question!!

さて、あなたがきすけ君のお母さんだったら、どのようにご褒美を決めますか？

Choices

⑦　きすけ君の大好きなチョコレートをあげることにする。

④　「きすけ君の好きな物リスト」を作り、そのなかから好きなおやつや活動をきすけ君が選ぶようにする。

⑦　「好きな物、何でも買ってあげるよ」と、きすけ君に自由に決めさせる。

Answer

選べるご褒美で、やる気ＵＰ！

ご褒美を設定すると、今までは面倒くさいと思っていたような片づけも、子どもはそれを楽しみにやるようになっていきます。ご褒美を自分で選ぶことができると、その効果はさらにＵＰします。「ランドセルを片づけたから、あなたの大好きなチョコレートを１つ食べていいよ」と言われて渡されるチョコレートより、「この中から好きなの１つ選んでいいよ。何がいい？」と聞かれて自分で選んだチョコレートのほうが、同じものでもうれしさ度合いが異なります。

選ぶことに効果があるという点については、さまざまな説明がなされます。今、ほしい物を知っているのは当の本人だけだから、いくら本人をよく知っている人でも他者から呈示されたものが常にその子のほしいものであるとは限らないといったことがその理由の１つです。また、選ぶという行為そのものが楽しいという説明がされることもあります。

選択肢を作ることも重要

❼のように、「好きなものを何でも買ってあげる」というご褒美の決め方は、子どもにとって最もうれしいことでしょう。しかし、選択の範囲を決めない尋ね方では、子どもは、現実的・常識的でないご褒美を提案してくる可能性があります。たとえば、「ゲームソフトを買って」や「今日は、○○遊園地に行く」などです。ランドセルを片づけたくらいで、このご褒美はちょっと価値が高すぎます。行動に見合ったご褒美を呈示するためには、無制限の選択肢を呈示するのではなく、選択の範囲を限定したほうが無理なく取り組めます。

きすけ君の場合には、「チョコレート１つ」や「ゲームタイム 15 分延長」「犬のお散歩権」など食べ物だけではなく、好きな活動や特権などを混ぜたいくつかの選択肢から選んでもらう方法が取り組みやすいでしょう。

Best Answer ⋯⋯▶ ❼

第2章　Q&Aで学ぶ　学校・家庭で身につく適応行動のステップアップ

> できる方法を自分で選んで、
> できた達成感を積み重ねる

⑪-3

　きすけ君は好きなご褒美を自分で選び、それを楽しみに、ランドセルを片づけることができるようになってきました。そこで、お母さんはもう1つ気になっていた「忘れ物をしない」ための取り組みを始めようと思いました。

　まずお母さんは、きすけ君が忘れ物をする原因を考えてみました。学校で次の日の持ち物を連絡帳に書いていないこと、荷物を当日の朝に慌てて準備していること、教科書が部屋中に散乱していて、どこに何があるのかわからないなどにその原因の心当たりがありました。

Question!!

さて、あなたがきすけ君のお母さんだったら、忘れ物をしないために、どのような工夫をしていきますか？

Choices

㋐ きすけ君に、「忘れ物をしないために、どの方法だったらがんばれるかな？」と聞き、『学校で、毎日、持ち物を連絡帳に書く』『教科書は、教科ごとの片づけBOXに片づける』『前日の夜に明日の準備をする』の3つから選んでもらう。

㋑ きすけ君が準備をすると忘れ物をしてしまうので、毎日、お母さんと一緒に持ち物を確認して準備する。

㋒ きすけ君に「どうして忘れものをするの！　忘れ物をしないためには、どうしたらいいか考えなさい」と注意し、自分で忘れ物をしないように工夫させる。

Answer

忘れものをする原因と、
どのようにしたら忘れないかを考えることが大事

　忘れ物をしてしまう原因として、物の管理力不足や置いた場所や持っていくこと自体を忘れてしまう記憶力の弱さなどがあげられます。そのような場合には、**物を管理しやすくする工夫や記憶の弱さを補助するグッズを用意することが効果的**です。

　まず、物の管理では、教科ごとに教科書やワークを入れることができる「片づけＢＯＸ」や絵の具セット、文房具が、学校と家のどちらにあるのかを記録する表などがあります。また、記憶力の弱さを補助するためには、連絡帳に持ち物を書くわかりやすい欄をつくるなど、メモを取る習慣をつけることが効果的です。

　このような工夫や方法を考えたら、子どもにどの方法ならできそうか、選択させます。子どもがやる気をもってできる方法で、取り組むことが大切です。1つの方法を試してもうまくいかないときには、別の方法を試すようにしましょう。

「どうして忘れ物をするの！」と叱るのはＮＧ

　❷のように、忘れ物をすることを頭ごなしに叱ったり、どうしたら忘れ物をしないか考えなさいと子どもに丸投げしたりしていては、忘れ物はなくなりません。特に、年少の子どもの場合は、すべてを子どもに考えさせるのではなく、適切な方法を大人が考え、選択肢として用意してあげることが必要です。

　また、❶のようにお母さんが一緒に準備してあげれば、きすけ君は、毎日、忘れ物をしないで済むでしょう。しかし、「お母さんが用意をしてくれるからいいか」と自分で持ち物を用意しようという意識がなくなってしまいます。低学年のうちから、どうしたら解決できるのか、といった工夫の仕方を教えてあげることが大切です。

Best Answer……▶ ❼

　きすけ君は、忘れ物をしないために前日の夜に準備をすることを選びました。時間割通りにそろえるのには時間がかかりますし、特別な持ち物があるときに、慌てたりもします。それでも、自分で決めたことなので、お母さんに言われなくても何とか1人でがんばっています。お母さんは、きすけ君の準備したものを本当に忘れ物がないかチェックしたい衝動に駆られますが、ここで手を出したら本人のやる気をそいでしまうことになると、見守ることにしたようです。

第2章　Q&Aで学ぶ　学校・家庭で身につく適応行動のステップアップ

こんなケースの場合は ??

Question!! ▶ 　きすけ君は、ランドセルの片づけができるようになったものの、通学帽や手提げバッグなどは、家のあちこちに置きっぱなしです。

　また、手洗いや宿題もお母さんが何度も注意をしなければ始めません。そこでお母さんは、帰宅してからの荷物の片づけと手洗い、宿題を自分からできるようになってほしいと考えています。そのためには、どうしたらいいでしょう?

Answer ▶
「取り組む順番」を選択することも、完遂するために効果的!

　やらなければいけないことがいくつかあるとき、その順番を自分で組み立てるのもよい方法です。順番を自分で選ぶことができるため、取りかかりやすいことから始めることができ、できた経験を積み重ねやすいです。大人がやりやすいと考える順番と子どもが取り組みやすいと感じる順番は、違うことは多々あります。

　そこで、「ランドセルをしまう」「洋服を洗濯機に入れる」「通学帽をフックにかける」「手を洗う」「宿題をする」などの順番をきすけ君に選択してもらいます。**選択して決める際には、きすけ君が帰宅後の動線をイメージできるようにしたり、片づける場所や宿題をする場所などを具体的に示してあげたりすることも大切**です。

　注意の持続や、記憶に配慮した方法もあります。やらなければいけない項目を1つずつマグネットシートに書いて、全部貼れる大きさのホワイトボードに自分のやりやすい順番で並べます。1つ終わったら、項目カードを外していくというやり方にすると、どこまで終わったのかわかりやすくなります。チェック表を使ったり、英単語帳に項目を書いて終わったらはずしていくなど、手軽な方法にアレンジするとよいでしょう。

　全部の項目が終わったら、「全部終わって、えらいね」と褒めてあげることをお忘れなく!

112

まとめ・用語解説

選択

●大切な子どもの選択の機会

　私たち大人の生活においては、多くの選択機会があります。今日は何を食べようか、何時に起きようか、何を着ていこうか、どこに行こうか、仕事はどれから先に始めようか、テレビは何を見ようかなど、数えだしたらきりがありません。

　しかし、子どもたちの生活を思うと、大人ほどの選択機会はありません。学校の時間割、食事、寝る時間や起きる時間、宿題など、大人や社会のなかで決められたことが多くあります。障害のある子どもたちに関しては、さらにその選択の機会は減ってきます。自分の意思を明確に表出することができない場合には、周囲の支援者がそうした意思を想像しながら、本人によかれと思うことを提供するなど、先回りしたお世話をすることも少なくありません。

　近年、自立した生活を送るために選択することの重要性が見直されています。では、なぜ選択は重要なのでしょう。それは、**選択することは子どもが「自立すること」に向けての準備**であるからです。自立のためには自主性が必要です。選択は、選択肢を比較検討しながら、情報に基づいて意思決定をする過程です。そこには、選ぶことに自分の意思が反映されますので、当然、選んだことに対する自分の責任が生まれてきます。同時に、選んだことに取り組む際の動機づけが向上します。

　今回、きすけ君のお母さんが呈示した「選択」には、いくつかの種類があります。子どもが自分で、

　①課題を選択する。

　②できたときの強化子（ご褒美）を選択する。

　③できるようにするための方法を選択する。

　④いくつかやらなければいけないときの順番を選択する。

　他にも、文房具を選ぶ、取り組む時間や量を決める、誰とやるか選ぶなどがあります。

　一見すると選択といえば好みだけを反映するように思えますが、やりやすさやわかりやすさなどが反映されるものもあります。子どもの支援に選択機会を取り入れることによって、自ら取り組む姿勢が構築されると、選択すること自体に強化機能が含まれる場合もあります。

第2章　Q&Aで学ぶ　学校・家庭で身につく適応行動のステップアップ

学校に行くのを嫌がるようになった場合には

嫌な経験を払拭するために、好きなことを取り入れる

12-1

あつし君は、小学校に通う2年生の男の子です。

ある朝、起きてから着替えて学校の用意をしているはずのあつし君が、いつまでたっても朝食に来ません。お母さんが部屋に行くと、パジャマのままぼーっとベッドの上に座っているあつし君をみつけました。そして、あつし君はお母さんに「学校を休みたい」と訴えました。

これまで毎日のように登校していたあつし君ですが、先週も不調を訴え、珍しく1日欠席していたことをお母さんは思い出しました。理由を聞くと、体育の授業で鉄棒の逆上がりがうまくできないときに、あまり仲のよくない友だちに笑われたからだと教えてくれました。この日は、泣き続けるあつし君の姿もあり、お母さんは先生に電話をかけてお休みすることを伝えました。しかし、このままお休みを続けているわけにはいきません。

Question!!

まず、起きてから着替えて学校の準備をスムーズに進めるためには、どうしたらいいでしょう？

Choices

㋐ あつし君が起きたら、今、あつし君がはまりにはまっているアニメの音楽を流しながら、着替えと準備を進める。

㋑ 学校に行くことがどんなに大事で、学校に行かないとどうなるかを説明して準備をするように促す。

㋒ 1人でできないのであれば、お母さんが一緒に手伝ってあげて着替えと準備を終わらせる。

114

| ⑫-1 | ⑫-2 | ⑫-3 | ⑫-4 |

Answer

頭でわかっていても動けない子どもの気持ち

「学校に行くの、嫌だな」「また笑われたらどうしよう」そういった不安な気持ちを抱えて、学校に行く支度ができなくなっているあつし君。ですから、❶のように説得されても、身体がなかなか動かず、頭で理屈はわかっていても「嫌だな」という気持ちが先行してしまいます。

また、❷のようにお母さんが手伝ってくれれば、着替えも準備もそれなりに進めることはできます。しかし、自分から行ったわけではなく、いやいや、仕方なく、されるがままに準備しているとしたら、この後の朝食や洗顔、歯磨きにもお母さんの手を借りなければいけないかもしれません。結局、1人で学校に行くことができなくなりそうです。

楽しい気分のまま準備をすべてしてしまう

あつし君の「学校に行きたくない」という気持ちを抑えるほどの楽しいことや好きなことをやりながら、着替えや準備を進める方法が❼です。なるべく、楽しい気分にさせてあげたいので、そばにお母さんがついて、一緒に歌いながらやってもいいでしょう。そして、着替えや準備が終わったら、朝食にあつし君の大好きなものを用意して、ここでも「嫌だな」という気持ちを少しでも和らげてあげましょう。楽しい気分のまま、なんとなく学校に行く準備が全部整ってしまった、というのがベストです。

好きなものや楽しいことは、子どもによって違います。強い「嫌だな」の気持ちを抑え込むほど強い「好き」なものを厳選するのがポイントです。

Best Answer ……▶ ❼

115

第2章　Q&Aで学ぶ　学校・家庭で身につく適応行動のステップアップ

> 嫌な経験を払拭するために、
> 好きなことを取り入れる

⑫-2

　翌朝、あつし君に起きるように声をかけると同時に、お母さんはアニメの音楽を流して、自分も歌ってちょっと体操もしてみます。その様子を見て、ニコニコ笑いながらあつし君は起きてきました。「さあ、着替えて準備しよう」というお母さんの声に、ちょっと顔をしかめましたが、お母さんが歌っている横で、自分もつられて声を出して歌いながら、着替えや準備を済ませてしまいました。

　朝食も好きなものを食べて、「行ってらっしゃーい」のお母さんの声かけに、「うん」とうなずいて家を出ました。しかし、しばらくすると、先生から「あつし君がまだ来ていません」と電話がかかってきました。どうやら、鉄棒の見える正門近くで、足が止まってしまって、動けなくなっていたようです。

Question!!

登校するための鬼門、鉄棒の見える正門をどうやったらあつし君は通過することができるでしょうか？

Choices

㋐ 大好きな養護の先生にその場所で待っていてもらう。

㋑ お母さんと一緒に登校する。

㋒ 担任の先生に教室に入ることができたら、アニメの音楽をかけてもらうようにお願いして、そのことをあつし君に伝える。

Answer

学校という環境で無理のない工夫

　嫌な経験をした人にとって、そのことを思い出すような場所や物あるいは状況が鬼門となってしまうことはよくあることです。あつし君の場合は、鉄棒が嫌な経験を思い出すものになってしまったようです。いくら頭で「行かなくちゃ」とわかっていても、一歩もそこから動けません。こんなときも、**その嫌な経験を払拭させるほど、好きなことを呈示することが効果的**です。ただし、登校のケースなので、学校に関係することの方がいいでしょう。

　❶のようにお母さんが一緒に登校していけば、あつし君はその場所に近づいたら、目をつむって通り抜けることができるかもしれません。しかし、こうするとお母さんと一緒でないと登校できなくなる可能性は高くなります。いつまでたっても、お母さんと一緒に学校に行くわけにはいきませんから、この方法はいずれ無理がきてしまいます。

　大好きなアニメの音楽で、朝の準備がスムーズにいったので、**❷**のように、担任の先生にあつし君の大好きなものを登校のご褒美として呈示してもらうのは、あつし君にとって学校に行くための動機づけにはなりそうです。しかし、いくら楽しいものが待っているとわかっていても、その場所から動かなければ、そのご褒美にたどり着くことはできません。また、あつし君のためだけにアニメの音楽を教室で流すのは、学校の教室という環境を考えたときに実際的ではありません。

　㋐のように、鬼門となってしまう場所に大好きな先生にいてもらい、そこから一緒に登校できることで、不安な気持ちを少しでも和らげます。ただし、養護の先生の負担は大きくなってしまいますので、学校で養護の先生があつし君を迎えに行ける体制を整えることが必要です。

Best Answer ……▶ ㋐

第2章　Q&Aで学ぶ　学校・家庭で身につく適応行動のステップアップ

> 嫌な経験を払拭するために、
> 好きなことを取り入れる

12-3

　なんとか登校できるようになったあつし君ですが、体育の時間はどうしても「嫌だ」と言います。ここで無理して、また学校自体に行けなくなってしまっては仕方がないので、お母さんは先生と相談して体育の時間は保健室でお休みすることにしました。

　あつし君は、大好きな養護の先生に保健室でたっぷり話を聞いてもらうことで、体育の時間を過ごしました。しかし、このことに味を占めたあつし君は、体育の時間以外にも「保健室に行っていいですか」と言っては、授業を抜け出すことが増えてきました。担任の先生は、保健室に行くことを禁止することもできず、あつし君の要求を許可するしかありませんでした。

Question!!

このままではせっかく登校できるようになったのに、あつし君は1日の大半を保健室で過ごすことになりかねません。なんとか保健室にいる時間を少なくしたいのですが、あなたが担任の先生だったらどうしますか？

Choices

㋐ 30分たって先生が迎えに行くまで、保健室にいてもいいことにする。

㋑ 30分だけ保健室にいた後、自分で戻ってくるようにする。

㋒ 「いつでもいいから戻ってきて」と、自分から戻ってくるまで待つ。

118

Answer

まずは確実に授業に戻ってこられるような手立てを

❶のように、戻ってくる時間を示すのは本人にとって見通しがつきやすいとは思いますが、必ずしも設定した時間になることが本人にとって戻ってくるきっかけとなるとは限りません。❸は、一見すると自主性を尊重しているようにもみえますが、本人の好きなペースで参加するだけでは放任ともいえます。いずれにしても、本人が戻ってくるかどうかも不確実ですし、自分から戻ってくるまでに時間がかかりそうです。

❷は先生が迎えに行くことで、本人は確実に授業に戻ってくることができそうです。先生があつし君だけを迎えに行きますので、その時間、あつし君は担任の先生も独占することができます。また、保健室から出ることができたら、先生から褒め言葉をかけてもらえそうです。先生が迎えに行くことは、あつし君にとって大きなメリットがあります。ただし、このメリットゆえに、あつし君が保健室に通う回数を増やしてしまう可能性もあります。

目標を段階的に設定する

最終的には、保健室に行かずに体育の授業に参加するのが目標です。この最終目標にたどり着くまでには、いくつかの段階を踏むことが必要です。ひとつは保健室の滞在時間を短くすること、もう１つは１人で戻ることです。どちらを優先的に操作していけばいいのか本人と話してみることは、本人の動機づけを高めるためにも有効です。「30分で戻ってこれるようになって、先生はとてもうれしいよ。だんだん早く戻ってこれるようにもなってほしいし、１人で戻ってこれるようにもなってほしいんだ。どっちができそう？」といった具合です。

また、時間を選択した場合には、「今なら、何分で戻れそう？」と本人に聞いてみましょう。そして、保健室に迎えに行ったときのあつし君の様子から、徐々に滞在時間を短縮していきます。１人で戻るを選択した場合には、養護の先生に声をかけてもらう、友達に迎えに来てもらう、先生が教室の廊下で待っている、など選択肢を呈示して、できそうな方法を本人に選んでもらいましょう。

Best Answer ......▶ ❷

第2章　Q&Aで学ぶ　学校・家庭で身につく適応行動のステップアップ

> 嫌な経験を払拭するために、
> 好きなことを取り入れる

⑫-4

　こうした取り組みの甲斐あってか、あつし君は保健室に向かっても1人で早めに戻ってくるようになりました。いよいよ、体育の授業に参加するようになることが目標です。

　先生はお母さんに電話をかけて相談をしました。お母さんは、鉄棒の授業がきっかけで体育の授業全般が苦手になり、保健室を中心に過ごすようになってしまったあつし君が、最初から授業に取り組むのは難しいのではないかと思っていました。

　先生は、お母さんから聞いたあつし君が今はまっているアニメのキャラクターを使い、見学できた場合にそのシールを貼る「がんばり表」を使うことを思いつきました。

Question!!

どのように「がんばり表」を使っていけばいいでしょう？

Choices

ア　体育の授業を最初から最後まで見学することができたら、体育の授業が終わった休み時間にキャラクターシールを渡して、あつし君に貼ってもらう。

イ　授業を行う場所に、あつし君が座るいすを置いて、いすの上に「がんばり表」とキャラクターシールを置いておく。この「がんばり表」は、体育の見学で座るいすの上でしか見ることができないことにする。

ウ　「がんばり表」には体育の授業の見学ができたか否かを書いておき、見学ができた場合には、家に帰ってお母さんからキャラクターシールをもらう。

Answer

嫌な経験を払拭するための素敵なものの使い方

あつし君は、体育の授業で嫌な経験をしてしまいました。そのために、体育の授業に足が向かなくなっていました。その嫌悪感を払拭するほど、素敵なものを用意することで、なんとか体育の授業に参加してもらいたいものです。お母さんからの情報により、あつし君にとってかなり魅力的であることがわかっているシールをいつ渡すのかが、ここではコツになります。

㋐、㋑、㋒は、同じようにシールを「がんばり表」に貼るのですが、それぞれの渡すタイミングの違いから、あつし君に求めることが異なってきます。

㋐では、体育の授業をすべて見学したことを先生が認めてくれた、という意味を含みます。㋑の場合は、体育の授業の見学に来たことに対するご褒美です。ただし、このご褒美は、体育の授業中しか見ることができません。ですから、これを見ながら見学をしてね、というメッセージが込められています。㋒は、お母さんに体育の授業の見学ができたことを認めてもらうやり方です。

このいずれも求めるところは、体育の授業の見学を行うことですが、㋐と㋒の場合は、すべて参加しなければキャラクターシールを手に入れることはできませんから、見学中は経験した嫌悪感との戦いになります。それに比べて、㋑は、その場に来ることができればシールをもらうことができますから、我慢は必要ではありません。そのうえ、嫌な経験をした体育の授業を見学することがつらくなったら、手元にある大好きなキャラクターを見ることもできます。

Best Answer ……▶ ㋑

今ではあつし君は、学校に行くのを渋ることも、自分から保健室に行くこともなく、他の児童と同じように体育の授業を受けることができるようになりました。シールについては、自分から「なくても大丈夫」という申し出があり、卒業することにしました。

第2章　Q&Aで学ぶ　学校・家庭で身につく適応行動のステップアップ

こんなケースの場合は ??

Question!! ⏸▶　あつし君は、早急に手を打つことで解決が図られました。しかし、学校への登校を渋り始めた段階で支援がうまくいかず、全く登校できない状況になってしまう場合も少なくありません。

　では、不登校で悩んでいる児童生徒や家族、学校の教職員に対してどのようにアプローチすればいいでしょう?

Answer ⏸▶　　　### 不登校に対する基本的なアプローチ

　不登校に対するアプローチについて、あくまでも基本的な支援の方針について示します。

●本人が悩んでいる原因・理由を明らかにする

●本人と相談し、今後どうしていきたいか、具体的な目標を立てる

●個別指導計画などの策定時に、具体的な支援方法と責任者を明確にする

●本人の生活リズムを整える、苦手科目を補習する、コミュニケーションや主張スキルを教える

●学校の環境を整える　　　など

まとめ・用語解説

強化子の対呈示と派生の原理

●強化子の対呈示とは

　強化子を増やすために、すでに強化子となっている好きなアイテムや活動と特に強化子でもないもの、この2つの刺激を同時に呈示する手続きを強化子の対呈示といいます。島宗（2000）は、「強化子や弱化子が現れると、そのとき、そこにいた人やそこにあったもの、状況などが強化子になったり、弱化子になったりする」と説明しています。これには、派生の原理がはたらくからです。

　また、派生の原理は弱化子の場合にもはたらきます。あつし君が体育の授業に参加したくないと感じてしまったのも、鉄棒の練習中に友達から笑われてしまったことが発端です。もともと好きでも嫌いでもなかった鉄棒の練習が、友達からの嘲笑という弱化子が対呈示されることによって、弱化子としての機能をもってしまいました。

　そこでお母さんと先生は、もともとあつし君にとって強力な強化子であったアニメの音楽や養護の先生、キャラクターのシールを、弱化子となっている登校を不安にさせる事柄や場所とペアリングすることで、弱化子の効力を抑え、それぞれの活動にスムーズに取り組むことをねらいました。このように、**弱化子に強化子を対呈示することによって、弱化子の効力を下げることも可能**です。ただし、弱化子と強化子を対呈示する場合、弱化子の効力を上回る強化子を呈示しなければ、強化子としての機能が果たせないでしょう。

●派生の原理がはたらくポイント

　主な目的は、強化子を増やすための手続きであり、1次性強化子と1次性強化子を組み合わせたり、1次性強化子と2次性強化子を組み合わせたりするバリエーションが考えられます。

　幼児期の指導では、その子の好きなおもちゃや身体あそびなどとともに、大人のうれしそうな表情や褒め言葉、友だちのかかわりなどをペアリングすることで、さまざまな事柄が2次性強化子としてはたらくようになるでしょう。

第2章　Q&Aで学ぶ　学校・家庭で身につく適応行動のステップアップ

13　食事で好きなものしか食べないときには

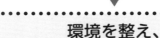

環境を整え、
同じ食べ物でも得られる満足感を高める

13－1

　けいいち君は4歳になる元気な男の子です。新年度からお母さんが働き始めることになったので、保育園に通い始めました。お母さんは、4歳まで集団に参加する機会がほとんどなかったけいいち君が、保育園に喜んで通ってくれることを望んでいました。

　お母さんの大きな心配ごとは給食でした。けいいち君は好き嫌いが激しく、嫌いなものが食事で出てしまうと、席を立ってうろうろしてしまうことが多かったからです。これまでお母さんは、けいいち君が好きなものだけを食べれば良しとしてきました。

　保育園に通い始めて数日たったある日、お迎えに行ったお母さんは、保育園の先生から「けいいち君が給食をまったく食べなくて困っています」と言われてしまいました。

Question!!

あなたがお母さんだったら、保育園で全く食べないことに対してどのように対応しますか？

Choices

㋐　まずは食べることが重要なので、家でつくった好きなものだけが入ったお弁当を持たせる。

㋑　保育園で食べない分を家の間食で補うこととする。先生の手を煩わせては申し訳ないので、保育園で食べなければそれでよいことにする。

㋒　子どもが空腹になる状況を作って、保育園で少量でもいいから食べさせてもらう。

Answer

好き嫌いや間食の習慣から抜け出す

　食行動は人間が生きていくうえで基本的な欲求であり、楽しみでもあります。しかし、家族の食事に偏りがあったり、感覚の過敏性があったりすると、食べ物の好き嫌いをつくってしまいます。そうなると、どうしても子どもの好きなものを好きなだけ食べさせてあげたい、という親心がはたらきます。さらに、嫌いなものを食べさせようとして子どもからの激しい抵抗にあうと、無理やり食べさせることをあきらめてしまうこともあります。

　さらに、けいいち君のように、3食のうちの1回でも抜けてしまえば、きっと空腹だろうと心配になります。そこで、つい間食を多めにしてしまう、あるいは朝食に子どもが食べられるものだけをたくさん食べさせる、というのはよくあることです。ところが、これを繰り返すことによって、子どもは嫌いなものは食べなくてもおうちで好きなものを食べるからいいや、と学習してしまいます。身体の方も、家での朝食と間食に合わせてしまいますので、保育園では空腹を感じなくなっていきます。これでは、食生活のリズムがつかず、好きなものだけを食べることから抜け出せません。

食生活のリズムを作っていく

　食生活のリズムを作るためには、3食の食事で必要量を摂取することが大切であるのはいうまでもありません。そのためには、**空腹状態を作ることがポイントとなります**。具体的には、これまで大量だった朝食の量を減らす、家に帰ってからの間食をやめる、保育園でこれまで以上に体を動かすよう促してもらう、といったことが考えられます。

　ここでは、まず、保育園の給食の時間に食べることを重視しますので、食べられるものを少量食べるところから始めます。けいいち君が家に帰ってから空腹になったときは、間食をとるより、夕食をこれまでより多めに用意するといいでしょう。

Best Answer ……▶ ⑦

125

第2章　Q&Aで学ぶ　学校・家庭で身につく適応行動のステップアップ

> 環境を整え、
> 同じ食べ物でも得られる満足感を高める

13－2

　朝食に好きなものが少ないことや、家に帰っても間食がないことに最初のうちは駄々をこね、なんとかお母さんから好きなものをもらおうとしていたけいいち君ですが、お母さんは心を鬼にして、けいいち君の要求をはねのけました。そして、毎朝「今日の給食は、けいいちの好きなコロッケが出るよ。楽しみだね」と、給食の献立を伝えながら、保育園に向かいました。

　その甲斐あって、入園から2週間が過ぎるころ、けいいち君は給食も少しずつ口にするようになってきました。ただし、好きなものだけを食べているようで、お母さんは栄養バランスが気になりだしました。

Question!!

あなたがお母さんだったら、けいいち君がこれまで一切口にしなかった嫌いなものをどうやって食べさせますか？

Choices

- ㋐ けいいち君の嫌いなものを、それとわからないように細かく刻んだりすりおろしたりして、料理のなかに入れる。

- ㋑ 食事にけいいち君の嫌いなものだけを出す。食べなければそこで食事を終了して、間食は一切出さない。

- ㋒ 好きなものを少量食べた後、嫌いなものをほんの少量口に入れてあげて、呑み込んだら、好きなものを食べるようにする。

Answer

感覚の鋭さや栄養状態にも配慮して

　栄養のバランスだけを考えれば、調理の方法を変えてこれまで取りにくかったけいいち君の嫌いなものを知らないうちに食べてしまった、という⑦の方法も有効です。調理方法を変えて食べているうちに、いつの間にか食べることができるようになったら、少しずつ素材の味だけでも食べられるように段階を踏んでいくと、嫌いな食べ物を克服できるでしょう。しかし、感覚の鋭い子だといくら調理法を変えても瞬時に嫌いなものを見分けてしまい、口にしないことはよくあります。

　これまで、「嫌いだ、食べない」という自分の要求を押し通すことを良しとされてきたけいいち君に、**大人のいうことを受け入れてもらうという人と折り合いをつける方法を学んでほしい**ものです。だからといって、①のように嫌いなものだけを用意して、食べなければ食事を終了するという強硬手段をとると、楽しいはずの食事は修羅場と化してしまいます。できれば食べることや家族と食事をする時間は、楽しい時間としたいものです。それに、子どもが食べないと拒否することが何日も続いてしまうと、本当に栄養状態が心配になってきます。

ほんの少しでも嫌いな物にチャレンジするには

　⑦のような好きなものと嫌いなものを交互で食べさせる場合、嫌いなものを食べたら好きなものという順序で始めると、子どもは最初の一口が呑み込めません。最初は好きなものをほんの少しだけ口に入れるのがいいでしょう。ここでは「もっと食べたいのに」という状態でやめることがポイントです。ここで十分に好きなものを食べてしまうと、そこで食事は終わりになってしまいます。

　そしてそのあとは、嫌いなものをほんの少量、耳かきいっぱい程度を食べさせることから始めてみましょう。一人で食べることができるようになっている子どもでも、**お母さんが口に運んであげたり、子どもの目の前で「おいしい、おいしい」といって食べて見せてあげたり、子どもの好きな歌を歌いながら口に入れてあげたり、と楽しい雰囲気をつくることが大切**です。

Best Answer‥‥‥▶ ⑦

第2章　Q&Aで学ぶ　学校・家庭で身につく適応行動のステップアップ

> 環境を整え、
> 同じ食べ物でも得られる満足感を高める

⑬-3

　お母さんとけいいち君のがんばりで、少しずつ嫌いなものを口にし始めたけいいち君です。保育園にも、家庭での食事におけるやり方を伝え、同様の方法で給食をお願いしました。ところが、ある日、お母さんが保育園の献立を見ると、すべてけいいち君の嫌いなものが入っているメニューでした。

Question!!

「これでは好きなものを使えない」と、頭を抱えたお母さんです。この日の給食はどうやってけいいち君に食べてもらいますか？

Choices

ア　1日だけのことなので、この日は食べなくてもいいことにする。

イ　けいいち君にメニューを伝えて、食べられるものを選んでもらう。

ウ　食生活のリズムを崩したくないので、この日だけは家からお弁当を持って行ってもらう。

| ⑬-1 | ⑬-2 | ⑬-3 |

Answer

「今日だけね」が通じないことも

　せっかく嫌いなものも少しずつ克服してきたけいいち君。しかし、すべてが嫌いなメニューでは、最初の一口を食べることができませんし、嫌いなものを食べた後のお楽しみがありませんので、がんばりようがありません。これはアンラッキーなのですが、こうした思いもよらない不測の事態は、それほど少ないことではありません。

　食生活のリズムがついてきたけいいち君ですから、⑦のように保育園の給食の時間に何も食べないと、それこそ家に帰る時間までにふらふらになってしまうかもしれません。1日でこれまで培ったリズムが崩れるとは思えませんが、耐えられない空腹を経験させることはかわいそうです。

　②のように「今日だけね」とお弁当を持っていくと、昼食をとらずに空腹になるということを避けることはできます。それに、お弁当も好きなものだけではなく嫌いなものも入れてあげれば、いつもと同じように嫌いなものもチャレンジすることができます。しかし、えてして子どもに「今日だけね」というのは通じません。きっと次に嫌いなものが多いメニューの日は、お母さんに「お弁当、つくって」とせがむでしょう。

自分で選んだことに責任をもつ

　ここは、けいいち君に自分で決めてもらいましょう。これまでの嫌いなものもがんばれば食べることができたし、食べたらお母さんや先生に褒めてもらえるという経験から、きっとこれまで食べることができたものを選ぶでしょう。**子どもたちは、自分で選んだことに対しては自分の行動に責任をもちます。**嫌いなものしかないメニューだとしても、「自分で選んだから」と挑戦することは、けいいち君にとって大きな自信につながります。

Best Answer……▶ ⑦

　このアンラッキーな1日、けいいち君はたくさんではありませんでしたが、保育園で出された給食のうち3つを選んで時間をかけて食べることができました。先生にも、先生から報告を受けたお母さんにもたくさん褒めてもらって、誇らしげな表情のけいいち君です。お母さんは、もっと食べられるものを増やそうとアイデアを練っています。

第2章　Q&A で学ぶ　学校・家庭で身につく適応行動のステップアップ

こんなケースの場合は ??

Question!! ▶　偏食以外にも食習慣に関する課題は、年少の子どもたちにおいてしばしばあげられます。たとえば、遊び食べをして時間がかかってしまう、少量しか食べない、反対に食べ過ぎてしまうなどです。こうした課題に対してどのように解決していけばいいでしょうか？

Answer ▶　　**子どもの食べる量が本当に適切かどうか**

　年少の子どもたちがいったいどのくらい食べるのが丁度いいのか、目安はあるものの、食の太い子も細い子もいますので、一般論で語れないところがあります。また、その子をよく知っている親や保育士が思っている子どもに食べさせたい量が、子どもにとって丁度いいのかというと必ずしもそうではないこともあります。しかし、同年齢の同じような体格の子と比べて極端に少なければ、けいいち君のように、間食が多かったり、食生活のリズムがついていない可能性が考えられます。決まった時間に、3食の食事を軸にしたリズムを整えていくことが大切です。

　遊び食べをやめてほしいときは、遊び食べを始めた時点で食事を下げてしまう方法が有効です。食事が少なかったからといって、間食をせずに次の食事を待ちます。このとき、いつもと同じ分量しか食べないようだったら、これまでの食べてほしいと考えていた分量が多すぎたのでしょう。

　反対に、いつも以上に食べるようだったら、遊び食べは分量の問題ではなく、食べる環境そのものに原因がありそうです。たとえば、おもちゃやテレビが食卓の周りにあり、気が散りやすいために遊びだしてしまったり、スプーンやフォーク、あるいはお皿やおわんといった食器の使いにくさから食べるのに苦労しているといったことが考えられます。こうした場合は、食卓の周りを整然と片づけたり、使いやすい食器に変えるといった工夫が有効です。

まとめ・用語解説
確立操作

●行動を増加させたり、減少させたりするのに効果的

　強化子の価値を変える操作を確立操作といいます。ただし、強化子の価値を測定することはできないので、行動の出現状況によってその有効性を検討します。**確立操作にはいくつかの方法があります。代表的なものには、「飽和化」と「遮断化」があります。**

　けいいち君に対して、保育園の給食を食べるために行った「間食をしない」「朝食の分量を減らす」という手続きは「遮断化」にあたります。この場合、給食を食べた後の満腹感がけいいち君の強化子にあたりますが、間食をした場合としない場合、満腹感が高いのはどちらか、本人でないとわかりません。また、本人でも、その価値を言葉で表現することは難しいものです。しかし、この2つの操作をすることによって、けいいち君の「保育園の給食を食べる」行動が増えたので、満腹感という強化価は間食をしないときの方が高くなったといえます。

　けいいち君に対して、好きなもの→嫌いなもの→好きなものの順番に食べさせる手続きも「嫌いなものを食べる」という行動に対して、最初に「好きなものを少しだけ食べさせてやめる」という遮断化の手続きです。これにより、その後の「好きなものを食べる」という強化子の価値を高めています。このように、強化子に一定期間アクセスしない遮断化という確立操作は、行動の維持や増加に効果があります。

　一方で、保育園に入ったときに「給食を食べる」という行動が起こらなかったのは、「飽和化」がはたらいていたからです。好きな朝食をたっぷり食べて登園するため、保育園で過ごす時間は常に満腹状態のけいいち君にとって、「給食を食べる」ということにより得られる満腹感は強化価の低いものであったことが推測されます。このように、飽和化という確立操作は、行動の減少や消失に効果があります。

第2章 Q&Aで学ぶ 学校・家庭で身につく適応行動のステップアップ

14 学校で1人の先生にくっつき離れない場合には

先生以外の「好き」をたくさんつくっていく

14−1

　小学1年生のあきなちゃんは、知的障害のある女の子です。特別支援学校に通っています。

　あきなちゃんは大和先生（男性）のことが大好きで、朝、登校してから帰るまで、大和先生にくっついて離れません。「大和先生、おはよう」という挨拶から始まって、休み時間には、大和先生の手を引っ張って校庭に遊びに行きます。

　先生に用事があって遊びに行けないと、遊びに行かずに教室でぼーっとして過ごします。朝や帰りの支度をするときも、「ねえ、大和先生、水筒出したよ」「大和先生、連絡帳出したよ」「大和先生、支度できたよ」と1つずつ報告します。大和先生が、あきなちゃんに答えるまで「ねえ、大和先生」と名前を呼び続け、そのほかのことをしません。

　大和先生が休みの日は、あきなちゃんは明らかに元気がなく、もう1人の担任の先生の言うことをあまり聞かなくなります。大和先生は、そんなあきなちゃんのことをかわいいなと思う一方で、自分の仕事ができなかったり、ほかの子の指導ができないことに戸惑いを感じていました。

Question!!

大和先生は自分が遊びに行けないときにも、あきなちゃんが校庭に遊びに行けるといいなと思っています。あなたが大和先生だったら、どうしますか？

Choices

㋐ 「今日、先生は休み時間にお仕事があるからね。ほかの先生に頼んだから、一緒に遊んでおいで」と言い聞かせる。

㋑ 校庭にこれまでなかったあきなちゃんの好きな遊具をたくさん用意しておく。

㋒ 「あきなちゃんが休み時間、1人で校庭で遊んでこれたら、先生、お昼休みにいっぱいあきなちゃんと遊ぶからね」と約束する。

| ⑭－1 | ⑭－2 | ⑭－3 | ⑭－4 |

Answer

大和先生を超えるようなお楽しみがあること

　あきなちゃんは、大好きな大和先生と遊びたくてたまりません。ですから、㋐のように、いくら大好きな大和先生に言い聞かされたからって、それを聞くわけにはいきません。

　これまではお昼休みも、授業の間の休み時間も、大和先生はあきなちゃんといっぱい遊んでくれました。だから、㋑のように、お昼休みの約束をされたところで、あきなちゃんにとって付加価値は何もありません。むしろ、今遊べないのでマイナスと受け取ってしまいます。

　どうやら、大好きな大和先生の不在を超えるだけの素敵なことがなければ、あきなちゃんには校庭に出て遊ぶことを受け入れてもらえそうもありません。これまで、めったに出したことのない自転車やボール、砂場のおもちゃやあきなちゃんの大好きな水遊びの道具、シャボン玉など、学校の状況が許す限りのおもちゃを出してみます。そして、あきなちゃんに「今日だけ、特別サービス！　シャボン玉で遊んでいいからね。新しい自転車やキラキラボールも今日だけだよ」と話します。言葉での説明だけではなく、最初だけ一緒に校庭に出て、どんなものがあるのか見せてあげてもいいでしょう。

　できる限り、これまで遊んだことのない、あきなちゃんにとって魅力的なものをたくさん用意するのがポイントです。そして、実際に先生がいない休み時間に校庭であきなちゃんが遊ぶことができたら、休み時間が終了したときに、「1人で遊べてえらかったね。先生はたくさんお仕事ができて、助かったよ」とあきなちゃんのことを褒めてあげましょう。

Best Answer ……▶ ㋐

第2章　Q&Aで学ぶ　学校・家庭で身につく適応行動のステップアップ

> 先生以外の「好き」を
> たくさんつくっていく

14-2

　最初は、校庭に誘っても「大和先生が行かないなら、行かない」と言っていたあきなちゃんですが、先生が手を引いて校庭まで連れていき、どんなものがあるのかを見せると「うわー」と目を輝かせました。少し不安げなあきなちゃんを置いて、大和先生は校庭を出ていきました。

　休み時間の終了間際、大和先生が校庭を見ると、新しい自転車で夢中になって遊んでいるあきなちゃんがいました。戻ってきたあきなちゃんの頭をなでながら「1人で遊べてえらかったね」と、大和先生が言うと、「面白かったー」とあきなちゃんはニコニコ笑っていいました。

Question!!

今度は「朝や帰りの支度を報告せずにかつ、止まらずに1人でできるようになるといいな」と思った大和先生。さあ、あなたならどうしますか？

Choices

🅐 あきなちゃんが支度にとりかかる前から、「あきなちゃん、支度できるかな」「1人でできてえらいね」「先生は見ているよ」「あとはタオルをかけるだけだね」と声を多くかける。

🅑 朝の支度の工程をわかりやすいようにイラスト入りの手順表にして、「全部できたら、先生に報告してね」とあきなちゃんに渡す。すべての工程が終わるまでは、いくらあきなちゃんが声をかけてきても放っておく。

🅒 報告したあきなちゃんに対して「わかったよ」と一声かければ、あきなちゃんは次の工程にとりかかることができるので、なるべく淡々と短く答えるようにする。

先生に見てほしくてたまらない本人の気持ち

あきなちゃんは、先生に見てほしくてたまりません。先生がどうしたら見てくれるのか、先生がどうしたら声をかけてくれるのか、一生懸命考えて、1つの工程が終わったら報告をしています。

ウのようにこれまでの大和先生の声かけと違って、そっけない言い方は、なんとなく物足りなく思うでしょう。そうなると、だんだんもっと先生から注目してもらうためにはどうしたらいいのかを考えます。たとえば、自分の持ち物を投げてみたり、お友だちを叩いたりと、先生がもっと注目せざるを得ないようなやり方で先生の注意を引くことを思いつくかもしれません。

イのように、やらなければいけないことを順番に子どもたちがわかるように示して、1人で最後まで取り組めるように工夫することはよくあります。しかし、あきなちゃんは、やらなければいけない工程も、その順序もよくわかっています。ですから、工程を示したところで、先生に見てほしい気持ちは満たされません。

「先生、見ているよ」というメッセージを発信する

アは一見すると、先生が過剰に子どもにかかわっているようにみえます。しかしここでは、あきなちゃんがわざわざ報告をしなくても1人で最後までできることを目標にしています。あきなちゃんが止まってしまうのは、先生に見てほしいからです。ですから、あきなちゃんに報告する隙を与えないかのように、また、あきなちゃんが止まる前に「先生は見ているよ」というメッセージをたくさん送っておきます。

Best Answer……▶ **ア**

第2章　Q&Aで学ぶ　学校・家庭で身につく適応行動のステップアップ

> 先生以外の「好き」を
> たくさんつくっていく

14-3

　先生の声かけ作戦が功を奏して、あきなちゃんは朝の支度を先生にいちいち報告しなくても1人でできるようになりました。これに味を占めた大和先生は、勉強中も同じようにあきなちゃんに声をかけ続ければ、わざわざほかの子の指導の最中にあきなちゃんが席を移動してまで、先生のそばに来ないようになるのではないかと考えました。

　しかし、勉強中はなるべく静穏な環境で、子どもたちに取り組ませたいものです。先生があきなちゃんだけに声をかけ続けたら、ほかの子どもたちの取り組みの邪魔にもなります。また、担当制で、大和先生はあきなちゃんと勉強する担当ではありませんので、ほかの先生の手前、勉強中にあきなちゃんに声をかけ続けるのは、ちょっとやりにくいなとも思います。

Question!!

大和先生が「見ているよ」というメッセージを声に出して送らなくても、あきなちゃんに自分の席で担当の先生と勉強をしてもらいたいものです。さて、どうしたらよいでしょう？

Choices

㋐ いっそのこと、担当を替わってもらって、大和先生があきなちゃんの担当になる。

㋑ あきなちゃんの担当の先生に、朝や帰りの支度で大和先生が行ったような声かけ作戦をとってもらう。

㋒ あきなちゃんが大和先生の方を向いたときに、グーサインや拍手のジェスチュアーを送ってあげる。

Answer

文脈に適した方法を選ぶことが大切

　㋐のように、常に大和先生があきなちゃんと一緒に行動することができれば、あきなちゃんの大和先生に注目していてもらいたい、という欲求は満たされることになります。

　しかし、学校という集団生活の場面で、1人の子どもだけに1人の先生が対応することは難しいものです。「なぜ、大和先生はあきなちゃんだけ見るの？」という不満が、ほかの子どもや保護者から上がってしまいそうです。いくら効果のある方法だとわかっていても、その文脈に適していなければ、絵に描いた餅になってしまいます。

集団場面における個別的対応のポイント

　どの先生ともあきなちゃんが勉強できるようになるためには、㋑で示したように、大和先生と同じような対応を担当の先生にとってもらうことは効果的な方法です。しかし、やっぱり大和先生に注目してもらいたいあきなちゃんは、ほかの先生から褒めてもらうだけでは、物足りないでしょう。

　「勉強中」という活動の特徴を考慮して、なるべく強度の低い注目の仕方で、あきなちゃんに納得してもらうしかありません。ですから、㋒のように声を出さないで注目する方法が効果的です。これは、あきなちゃん以外の子どもの勉強の様子を見ながら、あきなちゃんが自分の方を見るタイミングを外さないように気を配らないといけないため、かなり気を遣います。大和先生の座る席を、あきなちゃんも担当の子どもも両方いつでも見ることができる向きにするなど工夫が必要です。

Best Answer ⋯⋯▶ ㋒

第2章　Q&Aで学ぶ　学校・家庭で身につく適応行動のステップアップ

> 先生以外の「好き」を
> たくさんつくっていく

14－4

　勉強中も、あきなちゃんに対して「見ているよ」サインを出すことによって、徐々にあきなちゃんは安心して自分の席で勉強をするようになってきました。やがて、あきなちゃんが勉強に集中する時間が少しずつ伸び、あまり大和先生を気にしなくなりました。

　あきなちゃんがいつ自分を見るのかわからず、常に大和先生が気を張っていなければいけないという状況が徐々に薄れてきました。もう1人の担任の先生も大和先生を見習って、あきなちゃんに対してたくさんの声かけをするようになってきました。そんなある日、大和先生は研修で、学校をお休みすることになりました。

Question!!

これまでの経験から、大和先生がお休みの日はあきなちゃんがほかの先生の言うことをきかずに過ごすことがわかっています。そうなると、勉強も生活もなかなかスムーズに進みません。さて、大和先生が学校をお休みする日に、あきなちゃんにこれまでできていることを自分からどんどんやってもらうためには、どのような工夫をすればいいでしょう？

Choices

㋐　「明日、先生が帰ってきたら、あきなちゃんがいい子だったかどうか聞くからね。いい子じゃなかったら、先生は悲しいよ」と言う。

㋑　「明日、先生はお休みします。あきなちゃんは1人でいろいろなことができるから、先生の言うことをきいて、お勉強も朝の支度もがんばってね」と言い聞かせる。

㋒　あきなちゃんがわかるようなお手紙を書いたり、大和先生のグーサインの写真を置いたり、大和先生の声を録音したレコーダーを置いておく。

大和先生はお休みです

| ⑭—1 | ⑭—2 | ⑭—3 | **⑭—4** |

Answer

好きな人の代わりを豊富にする環境づくり

　大好きな大和先生が不在という一大事です。あきなちゃんはその日をどう過ごしたらいいのか、とても不安に思っています。⑦や①のように言い聞かされて、その場では納得できたとしても、いざその場面になるといつも見てくれている大和先生がいないことを不安に思ってしまうでしょう。不安に思ってしまうと、ほかの先生がいくら促しても、その言葉が耳に入ってこなくて、言うことをきかないようにみえてしまいます。

　⑨は、小手先でごまかしているようにみえるかもしれません。しかし、大人でも大好きな人と会えないときには、その人の写真を眺めたり、思い出の品を取り出してみたりすることはよくあります。あるいは、何か夢中になることに取り組んでみたりします。

　そこで、あきなちゃんにとって、今最も夢中になれる大和先生に関連するものをたくさん置いておいて、1日を過ごしてもらうことで、これまでできるようになった力を発揮してもらいます。また、こうしたグッズは、当の大和先生からの実際の注目よりも効力は低いのは自明の理ですから、当日、次々と思いもかけないところから出てくるようなサプライズを加えていくと、不在を補うことに効果的です。

Best Answer……▶ ⑨

　大和先生のお休みの日に、次々出てくる大和先生グッズに大喜びだったあきなちゃん。まるで、大和先生が見ているかのように、いつものように1日を過ごしました。休み明けの大和先生は、他の先生からこうした報告を受け、あきなちゃんが少しずつ離れていってくれるかもしれないという期待とちょっと寂しい気持ちを抱きました。

第2章　Q&Aで学ぶ　学校・家庭で身につく適応行動のステップアップ

こんなケースの場合は？？

Question!! ▶　学校の担任は、多くの場合、1、2年で替わっていきます。大和先生がその場にいるか、大和先生グッズを置いておかないと1日の学校生活がスムーズにできない状況では、学年が上がったときにあきなちゃんは学校に来ることができなくなってしまいそうです。
　どうしたら、ほかの先生でも大丈夫になるでしょう。

Answer ▶　### もう1人の大和先生を作り出す

　子どもたちは、自分にかかわる大人が信頼できる人か否かを瞬時に見抜いていきます。障害のある子どもたちは、さらにその力が強いものです。しかし、この人でなければいうことをきけない、という特別な人をつくることは、子どもの生活範囲を狭め、学習機会を少なくしてしまいます。一方で、子どもが絶対的な信頼を寄せることのできる先生が子どもの周りにたくさんいるとしたら、子どもたちの生活はどんどん豊かになっていくでしょう。
　そこで、あきなちゃんにこれまでかかわってきた先生に協力してもらいます。あきなちゃんが、「ねえ、大和先生」と近寄ってきたときに、大和先生の隣にもう1人の先生も立ちます。そして、大和先生がニコニコ笑っている横で、もう1人の先生があきなちゃんをたくさん褒めたり、頭をなでたり、ハイタッチをしたりと、今まで大和先生があきなちゃんに声をかけられたときに行ってきたことをしてもらいます。
　最初のうちは、あきなちゃんはそれでも大和先生に声をかけてもらいたがるかもしれません。そんなときは、これまでより控えめに声をかけるようにします。そして、あきなちゃんが「この先生も好きかも」と思えるようになるまで、徐々に、大和先生は声かけを少なくしていきます。

まとめ・用語解説
環境豊饒化と非随伴性強化

●環境豊饒化

「できれば減らしたい」と思う行動が起こる環境に、その子の好きなものや活動をたくさん用意することによって、本来その場で行ってほしいことを促す方法を環境豊饒化といいます。

大和先生がいないとぼーっとして何もしなかったり、ほかの先生の言うことをきけなくなってしまうあきなちゃんに対して、1人で校庭に出て遊べるように、大和先生はこれまであまり遊んだことのない特別な遊具をたくさん用意しました。また、学校を休まなければならない日に、大和先生グッズをたくさん用意しました。これらは環境豊饒化にあたります。

環境豊饒化によって用意するものは、本人が好むものであり、そのときでなければ手に入れられないものである方が高い効果が得られます。

●非随伴性強化（Non Contingent Reinforcement=NCR）

また、よく似ていますが、同じように減らしていきたい行動の生起とは無関係に、強化子を呈示していく方法を非随伴性強化（NCR）といいます。朝や帰りの支度と勉強中に大和先生が豊富にあきなちゃんに対して注目したのは、この非随伴性強化にあたります。

非随伴性強化を用いるときには、減らしたい行動がなぜ起こっているのか、その機能を見極めることが重要です。あきなちゃんの場合、「大和先生に見てほしい」という注目要求の機能から、朝や帰りの支度でも勉強中でも大和先生の近くに寄ってきて、本来やらなければいけないことが進まない状況でした。大和先生から、注目してほしくてたまらないあきなちゃんに、行動の生起とは無関係に注目を与えていきました。つまり、行動に対して強化子を求めなくても、豊富に注目がある環境を作り出したために、あきなちゃんはわざわざ大和先生の注目を求める行動をしなくて済むようになったといえます。

非随伴性強化は、ほかの機能を含む行動に対しても適用され、これまでに効果が示されてきました。たとえば、課題からの逃避機能を示す逸脱行動に対して、課題中に豊富に休憩を用意するなどです。

「常に強化子を豊富に与える」ということはとても大変なことです。勉強中のあきなちゃんのように、大和先生が始終注目を与え続けるというのは現実的ではありません。そこで、最終的には豊富に与えていた強化子を徐々に減らしていき、日常生活で使用しやすいレベルにまで下げていく必要があります。

第2章　Q&Aで学ぶ　学校・家庭で身につく適応行動のステップアップ

15 人前で話をすることができない場合には

活動を促しながら、不快な刺激に少しずつ慣れていく

15—1

　ゆかちゃんは小学2年生の女の子です。知的障害があり、特別支援学級に通っています。
　はにかみ屋さんで、小学校入学当時から人前で話すことが苦手です。遊んでいるときは、ニコニコしながら友だちとも一言二言言葉を交わすことができますが、授業中にあてられると、表情が乏しくなり、何も言えずに固まってしまいます。
　2歳下の妹がいて、家に帰るとその妹に命令したり、強い口調でものを言ったりすることもあります。お父さんやお母さんとはスムーズに会話ができるそうです。そんな家庭での様子から、小学1年生の時の担任の先生は何とか授業中も発言を促そうとがんばってみましたが、先生が促せば促すほどゆかちゃんはかたくなになってしまい、その負担からか「学校に行きたくない」という日もでてきました。2年生から担任になった橋場先生は、そうした話から授業中にゆかちゃんに発言を促すか、無理に促さないほうがいいのか迷っていました。

Question!!

さて、あなただったら、授業中にゆかちゃんに発言を促しますか？

Choices

㋐ 不登校になると困るので、授業中は一切ゆかちゃんに発言を求めない。

㋑ 授業中以外は話しているので、1年生の時の担任の先生同様、「間違っても大丈夫だよ」「思ったことを言ってごらん」といった促しをしながら、発言を求める。

㋒ 発言を求める前に、○×を書いた紙を差し出して答えるか否か、指さしで意思表示を求める。

| ⑮-1 | ⑮-2 | ⑮-3 |

Answer

まずは、なんらかの形で意思表示をしてもらう

　人前で話すなどの過度の緊張状態に弱い子どもたちにとって、緊張状態を長引かせるのは酷な話です。大人が安心できるような声をかければかけるほど、緊張のボルテージが上がっていくでしょう。かといって、授業において一切発言を求めない、という態度をとってしまうと、ゆかちゃんはその場にいない存在のようになってしまいます。

　本人が「声を出して話す」ということに苦手意識をもっているとしたら、それ以外の方法で意思表示ができる手段を探ります。できるだけ時間をかけずに、簡単にできる手段が望ましいです。指さしやサイン、あるいはうなずくなどのジェスチュアー、答えの選択肢のカードを選んで手渡すなど、さまざまな方法が考えられます。

　本人が「発言はしません」という意思表示をした場合には、それを受け入れ、意思表示をしたことに対して称賛をします。こうすることによって、本人にとって負担の大きい「発言すること」を求める前に、何らかの意思表示をする機会を豊富にしていきます。自分が意思表示をすれば、相手はその意思を受け入れてくれるという経験から、徐々にその表出の内容と方法をステップアップしていきます。

Best Answer ……▶ ⑦

143

| 第2章　Q&Aで学ぶ　学校・家庭で身につく適応行動のステップアップ

> 活動を促しながら、
> 不快な刺激に少しずつ慣れていく

⑮-2

　橋場先生は、ゆかちゃんが「答えない」と選んでも、「よく言えたね」と言いながら、本人の頭をなでて褒めていきました。ところが、ゆかちゃんは褒められてもあまりうれしそうではありません。むしろ先生が頭に手を置こうとすると、身体をすっと引くようなしぐさがみられました。

　休み時間は、友だちと手をつないで遊んでいる姿もみられますので、身体接触を過度に嫌うというわけではないようです。その話をお母さんにすると、家に帰って、「身体の大きい男性の橋場先生が少し怖い、緊張しちゃう」と話しているとのことでした。橋場先生は、ショックを隠せません。

Question!!

さて、あなたが橋場先生だったら、今後、ゆかちゃんに対してどのように接していきますか？

Choices

- ㋐ 身体の大きさも性別も変えられないので、これまでと同様の方法を続け、ゆかちゃんが自分のことを怖くないと思えるようになるまで待つ。

- ㋑ 1日のなかでゆかちゃんと目があったときに、ニコニコしながら「イエーイ」と陽気にハイタッチをする。ほかの子たちにも同様にする。

- ㋒ 自分のことを怖がっているので、自分はゆかちゃんとあまりかかわらない。もう1人の女性の担任の先生にゆかちゃんの指導をお願いする。

144

Answer

担当を変わってもらう前にできること

　心優しい橋場先生は、ゆかちゃんに「怖い」と思われていると知り、大きなショックを受けました。ここで心砕けて、❷のようにゆかちゃんが怖いと思わないような先生に指導をお願いし、自分は身を引くのは確かにひとつの手です。現在のゆかちゃんにとって、意思表示をすることが大切だと考えたときに、「怖い」と思っている先生には意思表示がしにくくなるかもしれませんから。

　でも、もともと人前で緊張しやすいゆかちゃんに苦手な人をつくったままにしておいていいのでしょうか？　また、人を見かけだけで判断することを良しとしたままでいいのでしょうか？　ここでは、ぜひ、見かけは怖いけれど、実は楽しいしやさしい先生という印象をもってもらいたいものです。

関わり方を変え、回数を増やす

　とはいっても、ちょっと先生に頭をなでられることにも緊張してしまうゆかちゃんに対して、❷のように同じことを繰り返すのは、嫌なものにさらし続けることになります。ですから、❶のように頭をなでるよりも少し身体接触の度合いが低い、ハイタッチをあいさつ代わりに多用していきます。これは、ちょっと目があったら、ハイタッチをするのがみそです。「この先生とハイタッチをすると楽しいな」「先生とハイタッチしたいな」と思えるようになるまで続けていきます。

　ゆかちゃんは、たぶん最初から応じてくれそうもありませんし、ゆかちゃんとだけ特別にハイタッチすることは他の子たちから反感を買いそうですから、ほかの子も同じようにします。無理にハイタッチをすることが目的ではありませんから、ゆかちゃんが手のひらを先生に向けてくれなくても、なんとなく手のところにタッチするくらいから始めればいいでしょう。

Best Answer ……▶ ❶

第2章　Q&Aで学ぶ　学校・家庭で身につく適応行動のステップアップ

> 活動を促しながら、
> 不快な刺激に少しずつ慣れていく

15 −3

　橋場先生は、「よーし、今日、先生はみんなと何回ハイタッチをしようかな」と毎朝、みんなに期待感をもたせます。クラスの子どもたちも橋場先生とハイタッチをたくさんしたくて、クラス全体が楽しい雰囲気です。そんななか、ゆかちゃんもなんとなく橋場先生が近寄ってくると手のひらをそっと開いている状態が多くなってきました。先生が手のひらにタッチをしても、ゆかちゃんは前ほどこわばった表情ではありません。お母さんからも、「今日、橋場先生とハイタッチができたよ」と、ゆかちゃんが家でうれしそうに話をしてくれました、と報告を受けました。
　そんなある日、橋場先生は「ハイタッチをみんなとたくさんできて、とても楽しいです。さて、今までは先生からみんなにしていましたが、明日からハイタッチ当番をつくろうと思います」と宣言しました。先生がこれまでやっていた役を担うことができるのはとても魅力的です。子どもたちは、「僕、やりたい」「私、やりたい」とこぞって立候補しました。

Question!!

ゆかちゃんは「やりたい」と手を挙げることはありません。さて、ゆかちゃんが手を挙げないことに対してどのように対応しますか？

Choices

ア　「ゆかちゃんはどう？」と誘ってみる。

イ　ゆかちゃんが手を挙げないことは予想がついたので、最初からハイタッチ当番を順番にまわしていくことにする。

ウ　ゆかちゃんが自分からやると手を挙げるようになるまで待つ。

| ⑮−1 | ⑮−2 | **⑮−3** |

Answer

友だちから注目される機会を少しずつ増やす

　　橋場先生は、自分とハイタッチをすることが少しずつできつつあるゆかちゃんに対して、今度は友だちから注目されても応じることができる姿勢をつくろうとしています。徐々に、注目の頻度を増やすことが目的です。

　　ですから、ゆかちゃんがやるかどうかは、ここでは問題ではありません。自分からやろうとしなければ、放っておけばいいのです。ただ、先生とのハイタッチを喜ぶ姿がみられているゆかちゃんですから、先生があえて誘ってみてもいいのかもしれません。ゆかちゃんが「やる」というまで、しつこく誘う必要はありませんが……。

　　また、ハイタッチをして自由に動き回るのは、休み時間に限定したものではありません。授業中に提出物を提出した後や黒板に文字を書いた後など、少し動きが入ったときには、ハイタッチをすることにしておくといいでしょう。

　　クラスの子どもたちが1巡したあたりで、❶のように日直と同じ感覚でハイタッチ当番の順番性を取り入れてもいいでしょう。

Best Answer……▶ ❶

　　さて、ハイタッチ作戦を展開して、そろそろ1か月が過ぎ、1学期も半ばに近づいたころ、いつものように橋場先生がゆかちゃんに「この問題やってくれない？」と聞き、やる・やらないを意思表示するための○×シートを差し出しました。すると、ゆかちゃんは「いいよ」と小声で言って、立ち上がり、黒板の前に行って問題を解き始めました。これをきっかけに、徐々に授業中にあてられたときに、小声で答えるようになっていきました。

147

第2章 　Q&A で学ぶ　学校・家庭で身につく適応行動のステップアップ

こんなケースの場合は ??

Question!! ⅢⅢ▶　　ゆかちゃんは「先生⇒友だち」の注目をスムーズに受け入れていきました。しかし、もともと人から注目されると緊張してしまう子は、ハイタッチをすることにも抵抗することがあります。この場合、どのようにして注目に慣れていってもらいますか？

Answer 　ⅢⅢ▶　　　　　**ハイタッチの方法も十人十色**

　目を合わせると注目されていると意識させてしまうので、真正面からハイタッチをしに行くことをやめてみます。最初の段階で、ハイタッチをすることを選んだら、本人の手だけを見て、斜め前や横から手にタッチをするように変えてみます。もしハイタッチでない手段を選ぶとしたら、子どもの背後から近づいた時に、軽く肩にタッチをするという方法もいいでしょう。

　ただし、どういう手段をとるのかは、子どもの様子をみながら、最も緊張度合いの低いところから始めます。後ろから近づくと、びっくりする子もいます。**大切なのは、ちょっとだけ注目されても大丈夫、という経験を十分に積んでいくことです。**最初の段階をクリアできたら、次からは徐々に視線を合わせるようにシフトしていきます。

まとめ・用語解説
エクスポージャー

●苦手な刺激に少しずつ慣れていく

日本語では、暴露療法といわれます。もともと、南アフリカで戦争神経症の治療を行っていた精神科医ジョセフ・ウォルピが考案した「系統的脱感作療法」の一種から発達した行動療法です。不安や恐怖のために避けている場所や状況に少しずつ慣らし、克服した経験をつんで自信をつけていく方法です。これまでに、うつ病やトラウマの症状、パニック発作、などに適用され、その効果が証明されています。

障害のある子どもたちのなかには、どうしても不快な刺激があり、そうした刺激にさらされた時に、かんしゃくを起こしたり、自傷行動を起こしたりすることがあります。これまで本書では、強化子について紹介してきましたが、この場合、刺激により行動が誘発されますので、その後の結果に行動の出現頻度が左右されません。

不快な刺激を回避する手段を身につけて回避できたことにより強化する方法や、不快な刺激自体を緩和する手段を教えたり、生活のなかから不快刺激を減らすような環境調整を行うことも有効です。しかし、**ゆかちゃんの場合、人からの注目が不快刺激です。人からの注目は、生活のなかであらゆるところにあるので、これを避けようとすると生活の範囲が極端に限定されたものになってしまいます。**

橋場先生は、注目というゆかちゃんにとって不快な刺激に少しずつ慣れていってもらうように、ハイタッチから始めました。クラス全体で取り組んだために、ほかの子どもたちと先生がハイタッチするところを見ることで、ゆかちゃんは少し安心しました。そして、何とも楽しそうです。ハイタッチをすることは注目されることになるので、ゆかちゃんにとっては不快ですが、橋場先生がちょっとだけ視線を合わせてから行っていたために、先生と視線を合わせることに対する強化子ともなっていたようです。

索引

【数字】

1次性強化子 ……………………… 3,27
2次性強化子 ………………………… 3
60秒ルール ………………………… 13

【あ】

アンダーマイニング ………………… 9
エクスポージャー ………………… 149

【か】

確立操作 …………………………11,131
課題内在型強化（子）……………… 9,53
活動性 ……………………………… 9
環境豊饒化 ………………………… 141
機能的 ……………………………… 4
強化 ………………………………… 2
強化価 ……………………………… 11
強化子 ……………………………… 2
強化子の対呈示 …………………… 123
強化スケジュール ………………… 71
行動形成（シェイピング）………… 79
行動内在型強化子 ………………… 9
行動連鎖 …………………………… 105

【さ】

自己管理技法 ……………………… 10
自己強化 ………………………… 10,61
自己記録 …………………………… 14
自己刺激行動 ……………………… 9
自動強化 …………………………… 5
社会性強化子 ……………………… 4,45
遮断 ………………………………… 11
弱化 ………………………………… 13
習得的な強化子 …………………… 3
消去バースト ……………………… 97
条件性強化子 ……………………… 3

スモールステップの原理 ………… 79
随伴関係 …………………………… 5
生起確率 …………………………… 2
生得的な強化子 …………………… 3
正の強化 …………………………… 7
セルフマネジメント技法 ………… 10
選択……………………………… 113

【た】

トークン・エコノミー・システム　14,37

【は】

派生の原理 ………………………… 123
般性強化子 ………………………… 4
非随伴性強化 ……………………… 141
付加的強化随伴性 ………………… 5
負の強化 ………………………… 7,89
プレマックの原理 ………………… 53
分化強化 …………………………… 79
飽和化 ……………………………… 4

著者一覧

編　者

小笠原 恵（おがさはら・けい）

東京学芸大学教育学部特別支援科学講座教授。臨床心理士。臨床発達心理士。

自閉症を中心とした発達に障害のある子どもたちの臨床研究や特別支援教育における研修講師等を行っている。著書に『発達障害のある子の「行動問題」解決ケーススタディ――やさしく学べる応用行動分析』、『８つの視点でうまくいく！ 発達障害のある子のＡＢＡケーススタディ――アセスメントからアプローチへつなぐコツ』（ともに編著、中央法規）、『お母さんの男の子にひびく伝え方』（あさ出版）、『イラストでわかる！ 気になる子どもへの支援』（教育出版）など。

執筆者（五十音順）

小笠原 恵（おがさはら・けい）……………… 第１章、第２章　事例２、事例14、事例15
　　前掲

加藤慎吾（かとう・しんご）……………………………………… 事例8
　　東京学芸大学大学院博士課程

川田泰弘（かわた・やすひろ）…………………………………… 事例5
　　東京学芸大学大学院修士課程

末永　統（すえなが・すばる）…………………………………… 事例12
　　東京学芸大学大学院博士課程

下山真平（しもやま・しんぺい）………………………………… 事例4
　　埼玉県立越谷西特別支援学校

千代田明佳（ちよだ・あすか）…………………………………… 事例6
　　埼玉県立熊谷特別支援学校

原田晋吾（はらだ・しんご）……………………………………… 事例1
　　東京学芸大学大学院博士課程

藤井舞夏（ふじい・まいか）……………………………………… 事例7
　　東京学芸大学大学院修士課程

前川圭一郎（まえかわ・けいいちろう）………………………… 事例9、事例13
　　町田市教育センター

松坂巧太（まつざか・こうた）…………………………………… 事例10
　　東京都立南花畑特別支援学校

村上暁音（むらかみ・あかね）…………………………………… 事例11
　　東京都立鹿本学園

村野　史（むらの・ちかし）……………………………………… 事例3
　　東京都立城南特別支援学校

151

段階別でわかる！
発達が気になる子のやる気を引きだす指導法
応用行動分析（ABA）にもとづく適応行動の身につけ方

2016 年 4 月 10 日　発行

編著者　　小笠原 恵
発行者　　荘村明彦
発行所　　中央法規出版株式会社
　　　　　〒110-0016　東京都台東区台東 3-29-1　中央法規ビル
　　　　　営　　　業　Tel 03(3834)5817　Fax 03(3837)8037
　　　　　書店窓口　　Tel 03(3834)5815　Fax 03(3837)8035
　　　　　編　　　集　Tel 03(3834)5812　Fax 03(3837)8032
　　　　　http://www.chuohoki.co.jp/

装幀・本文デザイン　　タクトデザイン事務所
装画・本文イラスト　　マスリラ
印刷・製本　　　　　　株式会社ルナテック

定価はカバーに表示してあります。
ISBN　978-4-8058-5318-4

本書のコピー、スキャン、デジタル化等の無断複製は、著作権法上での例外を除き禁
じられています。また、本書を代行業者等の第三者に依頼してコピー、スキャン、デ
ジタル化することは、たとえ個人や家庭内での利用であっても著作権法違反です。
落丁本・乱丁本はお取替えいたします。